子どもを
医者にした親たちが
幼少期にしていたこと

最強の実績を持つ講師陣が教える教育法

幼児教室ひまわり◉編

啓文社書房

はじめに

こんにちは、「幼児教室ひまわり」の熊野です。

私たちの教室では、次のような親御さんがたくさん学んでおられます。

- 将来、わが子を医者にしたい
- 医者という明確な目標はないが、東大や京大に合格させたい
- どんな時代でも強く生き抜いていけるような賢い子に育てたい

2014年に創業し、この本を出版する2021年現在で6000人以上の方が私たちの講座を受講されています。

私たちの教室には、わが子を医者にした実績を持つ母親、わが子を東大に首席で合格さ

せた母親、わが子に算数オリンピックで金メダルを獲得させた母親など、子育ての強者が講師として集結しています。

また、そのほかにも、「わが子が医者になっただけでなく、自分でも幼児教室を経営している」という講師も在籍しています。

みんなで力を合わせて、「わが子を医者にする親御さんがしていること」「わが子を賢くするための秘訣」について、共通する部分を見つけ出し、それをノウハウとして皆さんに学んでいただいています。

ひとりよがりの体験談ではなく、「実際に賢いお子さんを育てた親御さんたちに共通する教育メソッド」を掘り下げて研究しているので、とても信頼性が高いものです。

また、手前味噌で恐縮ですが、塾長の私は少し異色の肩書を持っています。

私自身も兵庫県の灘中学校、灘高校を卒業し、大阪大学医学部に現役で合格した経歴を持っています。実際に医師国家試験にも合格し、医師の免許も持っています。

こんな私だからこそ、「勉強ができるようになる方法」「受験で勝ち抜いていくための戦略」などを、実体験として知り尽くしています。

ちなみに、大阪大学医学部に合格するのは、東京大学の普通学科に合格するよりも難しいといわれています。

そのような経歴を持つ講師が集まっているからこそ、私たちのメソッドはこれから子育てをされていく親御さんにとって、参考になるのではないかと思っています。

さて、私たちの紹介が少し長くなってしまいましたが、「実際にわが子を医者にしたメソッド」「トップレベルの学歴を持つ賢いお子さんを育てた教育法」とはどんなものなのでしょうか?

実はそれは特殊な教育ではなく、普段の行動の一つひとつをしっかりと工夫し、「小さな違い」を積み重ねてきた結果なのです。

「わが子に対してかける言葉」

「わが子の興味を引き出すための接し方」

「習い事にどのような考え方で取り組ませるか」

「失敗したときにはどのように向き合うか」

「おもちゃで遊ぶときに、どうやって想像力を膨らませるか」

などなど。

ただ、それらの一つひとつの「小さな違い」は、数多くあります。

そこで、この本のなかでは、わが子を医者にするために押さえておきたいポイントだけをまとめ、あなたにお伝えしたいと思います。

この本でお伝えすることは、特殊なことではなく、ちょっとした工夫や心がけにより実践できるノウハウです。

実際にわが子を医者にした親御さんが実践してきたことですから、皆さんのお子さんの教育にそのまま取り入れていただくだけで成果が期待できます。

ぜひお子さんの教育に生かしてもらえれば幸いです。

「幼児教室ひまわり」塾長　熊野貴文

●カバーデザイン　斉藤よしのぶ
●本文デザイン　梅津由紀子
●編集協力　リバーウエスト

目　次

はじめに……2

第1章
知育玩具を選ぶときに知っておきべきこと……15

創造力を豊かにするおもちゃを大量に……16
普段使っているものを知育玩具に……20
良い教材や問題集の選び方……23
POINT 知育玩具の選び方、与え方……26
Q&A 絵本の読み聞かせは何歳から何歳までやればいいのか？
絵本の選び方や読み方などはどうすればいいのか？……27

第2章
習い事を始めるときに知っておくべきこと……31

まず必要なのは、ゴールを決めること……32

何を習わせるか？……35
習い事に課題を持たせる……38
習い事から進学塾へのスムーズな移行……39
英語やプログラミングを覚えることは必要か？……41
POINT 習い事を始めるときに知っておくべきこと……43

第3章 自己肯定感を持たせるために知っておくべきこと……45

子どもに自己肯定感を持たせるために……46
自己肯定感は成功体験から作られる……47
結果だけではなく、過程もほめる……49
ご褒美はがんばってきた過程に対して……51
どうしたらできるかを考える……53
ちょっとしたことでもほめる……55
2回ほめて1回教える……57
とにかく肯定してあげる……59

ほめるときの工夫……61
POINT 自己肯定感を持たせるために知っておくべきこと……64

第4章 子どもを叱るときに知っておくべきこと……65

叱る以前に親のやるべきこと〜愛情を常に伝える……66
「賢い」というレッテルを貼る……68
叱るときにも「愛している」と伝える……69
子どもを賢く叱るためには？……71
叱ったあとに、しっかりと確認する……73
怠けている子どもを叱るとき……75
叱るときは客観的な視点を忘れずに……77
中学校以降では、姿勢を変化させる……79
子どもを感情的に叱らない方法……80
「怒る」感情をコントロールする5つの方法……82
子どものやる気を損ねない指摘の仕方・ほめ方……85

POINT 子どもを叱るときに知っておくべきこと …… 92
Q&A 小学校との付き合い方。宿題、内申書、授業などはどうすればいいか？ …… 94

第5章
自主性を身につけさせるために知っておくべきこと …… 99

親自身が学ぶ楽しさを見せる …… 100
達成感を味わうことで集中させる …… 101
欲張らず、次につなげる …… 104
後ろ向きの理由は子どもに通じない …… 105
自信を持った子どもは、自ら勉強するようになる …… 108
勉強にはどんな意味があるのか？ …… 111
知識がなければ考えることはできない …… 113
好きなことをさせながら、勉強に生かす方法 …… 114
好きなことならどんどん集中してくれる …… 118
ゲームはルールをつくって …… 120
親がやらせたいことを子どもがしてくれない …… 122

幼児期に勉強を習慣化させるためには、どうしたらいいか？……125
宿題、課題、遊びをセットに習慣化……127
子どもを医者にしたいと思ったら……129
医者という仕事を分解してみる……132
底力をつけ、お医者さんの世界を知ること……133
POINT「子どもが自分から勉強するために」……135

第6章 子どもが挫折しそうになったときに知っておくべきこと

第6章 子どもが挫折しそうになったときに知っておくべきこと……137
まず、必要なのは共感すること……138
親が動揺しないこと……142
子どもの学習計画を立てる際の工夫……146
先取りをするという意識……150
どんな声がけをすればいいか？……151
小学校低学年から高学年までの具体的な学習計画……156
私の医師時代のお話……161

POINT 子どもが挫折しそうになったときに知っておくべきこと …… 164
Q&A 理想的な学習環境の作り方を教えてください …… 166

第7章
子どもの成長段階で知っておくべきこと …… 171

幼稚園までの子育てと、小学校時代の子育ての最大の違い …… 172
小学校の時期に子どもに身につけてほしいこと …… 175
自分で考える能力を身につけさせる …… 176
中学校の時期に子どもに身につけてほしいこと …… 179
中学時代の異性との付き合いについて …… 181
IT機器との付き合い方 …… 183
中学受験を目指す子どもに対しての親の役割 …… 190
POINT 子どもの成長段階で知っておくべきこと …… 195
Q&A 親が自信を持てない、ネガティブになる。だから子育てに自信がない …… 197

第8章

子どもを賢く育てるために知っておくべきこと……201
考えさせる、想像させる、創造させる、表現させる……202
アウトプットこそ重要……204
脳を働かせるオープンクエスチョンのすすめ……206
アウトプットの手段はさまざまに存在する……208
効果的な暗記の仕方、暗記の勉強法……210
賢い子に育てるための幼少期の具体的方法……214
夫婦の教育方針が合わない場合……215
どのように子どもを医師に導いていくか？……219
POINT 子どもを賢く育てるために知っておくべきこと……222
Q&A 塾選びの具体的な方法を教えてください……223
おわりに……227

第1章

知育玩具を選ぶときに知っておくべきこと

知育玩具については、
実に多くの親御さんから質問をいただきます。
その質問のほとんどは、
どんな知育玩具を使えば子どもの頭がよくなるのか、
頭の回転が速くなる、よい知育玩具を紹介してください、
という内容です。
知育玩具は、子どもが小さいころの教育において
とても大事なものです。
果たしてどのような知育玩具を選べばよいか、
お話しします。

創造力を豊かにするおもちゃを大量に

多くの親御さんは、おもちゃを選ぶ場合、戦隊ものやキャラクターものなど、お子さんが喜ぶおもちゃを選びがちです。しかし私たちは、「おもちゃや知育玩具をどのように選べばよいか?」というご質問には、次のようなひとつの基準をお伝えしています。

それは、「そのおもちゃが子どもの頭をよくするかどうかで選ぶ」という基準です。

例えば、粘土や積み木などは、お子さんが想像しながらなんでも自由に作ることができ、手や指先を使うものです。

これを、少量ではなく大量に与えます。少量だと、せっかく想像のままになんでも作ることのできるおもちゃなのに、車なら車を作った時点でその遊びが終わってしまいます。

大量に与えておけば、子どもは、何をしてもいい。この粘土や積み木を使って、指、手足、それこそ体全体を動かして、想像力を働かせて、自由にいろいろなものを作ります。

一般的な知育玩具には、その玩具の目的に合った範囲での能力を広げるような意図があります。私たちは、それよりもお子さんの想像力をとにかく豊かに広げてあげるということをもっとも重視しています。そのため、形に規制がなく、思いつくまま何でもできるおもちゃを与えるのがよいと考えています。

そのためにも、先ほど申し上げた通り、この粘土や積み木をとにかく大量に与えるのがよいのです。

これを実践された幼児教室ひまわりの講師、藤井小百合先生は、積み木をそれこそお子さんの遊び部屋の3分の1が埋まってしまうほどたくさん与えたといいます。粘土にしても最初に10袋与えたところ、本人がもっともっと欲しいということで、結局30、40袋を与えたそうです。

お子さんが小学2年生くらいですと、積み木を使うにしても、それほど大きなものは作れません。

しかし大量にあれば、年齢とともにまず小さなネズミの家を作ろうといった世界から、少しずつ広がって、今度はテーブルを作ってみよう、実際に自分たちの住むような家を作ってみよう、さらに自分も上れる階段を作ってみようなどと、どんどん想像のままに世界を広げていきます。

粘土にしても同じです。最初は少量の粘土を使って、小さいお家や、電車や車など、小さなものをいくつも作ります。それが成長とともに世界が広がっていって、本物の大きさのフライパンを粘土で作ったり、食材を粘土で作って、そのフライパンで料理をするようになります。

さらにそれを越えて、今度は遊べるお庭を作ってみようだとか、どんどん世界が広がっていくのです。この自由な広がりを与えてあげるためにも、大量に与えることが重要なのです。

そしてその際に、すべて自分の手指を使って作っていく。これも創造力を育むうえで大切だと感じています。

こうしたおもちゃの環境を作ってあげるうえで、もうひとつ心がけたいことがあります。

それは、ただ遊んでいるのを見守るだけではなくて、「こういうふうにしたら?」「こうするとどうなるかな?」と少しだけ先回りして、ヒントを与えるということです。

子どもは勝手に遊ばせておくと、自分の好きなものしか作らない傾向があります。車だったら車ばかりを作り続けます。

そこに、ちょっと世界を広げてあげられるようなヒントを与えます。

「次は、ゾウを作ってみたらどうかな?」

「こんな戦車を作ってみたら?」

といったことをときどき言ってあげる。そうすると、そのちょっとした一言で、とたんに子どもの創造の世界が広がります。

おもちゃを選ぶ際は、お子さんが喜ぶものよりもお子さんの能力、特に創造力をいかに伸ばしてあげられるかという基準で選んでいただければと思います。

そしてお子さんの創造力を広げるためのちょっとしたヒントを、親御さんが少しだけ先回りして与えてあげる。このことをぜひ意識していただければと思います。

普段使っているものを知育玩具に

おもちゃを選ぶうえで、あえて市販の知育玩具をお子さんに与えない、というのもひとつの方法だと私たちは考えています。

お子さんの能力を育て、創造力を養う道具は、知育玩具でなくとも、身の回りにたくさん存在しています。

例えばキッチンにあるお鍋とか、お玉。これをお子さんに渡すと、お子さんはお母さんが使っているように真似をして、おままごと遊びをしたりします。

そして太鼓の代わりにカンカンとたたいたり、すぐに親御さんが使ってる方法とは違う、親御さんが想像できないような使い方を発想して、どんどん遊んでくれます。

いわゆる「見立て遊び」というものです。つまり普段使っているものが、知育玩具の代わりになるのです。

鍋とニンジンだけでも十分に知育玩具になります。ニンジンを鍋に入れて遊んだり、ニンジンの数を数えたり。

ただ、それはあくまでもお子さんにとっては「遊び」です。そこで親御さんが教育心を出しすぎて「いくつあるかな？　数えなさい」などと言ったら、もうお子さんはテストされているような気持ちになって楽しめなくなります。

そうではなく、親御さんが率先して「わーい！　ニンジンを一緒に数えよう！」と誘うようにすると、お子さんはお母さんがやるよりも先に「いーち、にー」と数えだし、遊ぶようになるものです。

このように、やり方次第で、自然に数を数えるという教育的な要素につなげることができます。

外に出かけても、あらゆるものが知育玩具になります。例えばお子さんは石ころの形や大きさを見てこれはバナナとか、イチゴとか、これはちょっと大きいからリンゴというふうに見立てて遊びます。子どもにしかできない発想でなんでも遊びにしてしまいます。

別の言い方をすれば、子どもの視点で見れば、知育玩具があらゆる場所にあふれかえっているようなものなのです。

親御さんは、既製の知育玩具こそがお子さんの脳を活性化させ、お子さんの頭をよくすると考えがちで、道具に頼ってしまう傾向があります。

そうではなく、そもそも「身の回りの物すべてが知育玩具なのだ」という視点を持つことが大切です。

つまり、子どもの脳を鍛えるチャンスは、日常の中にいくらでも存在しているということです。

ここでひとつ大事なポイントは、お子さんに対してあまりプレッシャーをかけすぎないこと。ジャガイモの数を「何個ある？」と質問するような形では、お子さんはテストをされているようなプレッシャーを感じてしまいます。それはすでに遊びではなくなり、お子さんにとってとてもしんどいものになってしまいます。

あくまでも身の回りの物を使ってお子さんと一緒に遊ぶという感覚がポイントです。「何個ある？」ではなく「一緒に数えよう！」といった、楽しむ感覚が大切です。

そうすることによって、お子さんは身の回りの物を使って上手に遊ぶことができるようになります。そして、親御さんの手を借りながらも、自身で身の回りの物すべてを知育玩具に変えていきます。

これをいかに面白く取り組ませるのかというところが大事なポイントです。

良い教材や問題集の選び方

ここまで、知育玩具などを使わなくても親御さんの導き次第でお子さんの想像力や知力はどんどん伸ばせる、というお話をしてきました。

小学校以降になってくると、自分自身で学習していくために、塾などで出している教材も使い始めることになります。

こうした塾から出している教材は、お子さんの学力を伸ばすために、とても有効なものだと思います。

塾が出している教材はなぜいいのか。それは、やはり塾で使用している教材は、成績を向上させた実績に基づいているからです。実際に生徒さんが使ってみて、成績が上がったポイントなどもわかるように工夫されています。

さらに私たちが教材について重視するのは、「類題が豊富に用意されているか」という点です。

例えば鶴亀算などであれば、基本問題がまず用意されています。

それに対して練習問題が豊富に用意されているかどうかを必ず確認します。

最初の例題というのは、学習においてはインプットに当たります。これを応用して類題を解いていく作業はアウトプットに当たります。

多くの方が勉強というものはインプットであると思いがちですが、私たちは「インプットとアウトプットがそろっていて初めて勉強である」と考えています。基本をインプットし、それを応用してアウトプットを行う。試験の問題を解いていくというのは、まさにこのアウトプットの力を試されるものです。

つまり基本問題のあとに類題が豊富にあるということは、アウトプットのシミュレーションを多く体験できるということになります。

このアウトプットする機会が多いことが教材選びでは重要なのです。もちろん解説が詳しいことも大事ですが、類題がたくさんある教材を選んでください。

ある程度理解が進んだ段階では、問題集などで学習したほうが、早く学力アップにつながります。

具体的には、ひとつのテーマ、例えば植木算を学ぶのなら、基本問題に加えて類題が３題以上ある構成だったらわかりやすいと思います。演習量をしっかり積んでいける問題集を選んでいただくのがよいでしょう。

逆に類題が１題しかついていないような教材だと、なかなか身につきにくく成績にも影響が出にくいと思います。

ぜひこのポイントを忘れないでください。

POINT

知育玩具の選び方、与え方

- 子どもの興味や流行りだけで選ばず、頭をよくするかどうかの基準で選ぶ
- 粘土や積み木などお子さんが自由に遊べるおもちゃを遊ぶ
- 大量に与えることで想像力が膨らんでいく
- 親御さんが少し先回りしてヒントや課題を与えてあげ、広がりを出す
- 家の中、外の世界にあるすべてのものが知育玩具と捉えることで、知育の機会が広がる
- 子どもの力をテストするのではなく一緒に楽しむことが重要
- 小学校以降は実績をもとに作られている塾の教材がおすすめ
- 類題が多く、アウトプットできる教材がおすすめ

Q&A

絵本の読み聞かせは何歳から何歳までやればいいのか？ 絵本の選び方や読み方などはどうすればいいのか？

回答 ●幼児教室ひまわり講師
上田尚子 先生

・長男は灘中学、灘高校を卒業、東京大学理Ⅲに現役で首席合格
・次男は洛南中学、洛南高校を卒業、京都大学医学部に現役合格
・三男は洛南中学、洛南高校を卒業、東京大学理Ⅲに現役合格
・幼児教室ひまわりでの会員さま向け講演会で人気を誇るカリスマ講師

私の場合、絵本の読み聞かせは、生後３、４か月、子どもの首がすわって膝におすわりできるくらいから行っていました。

長男には下の子ができた関係で長い期間読んであげられなかったのですが、三男は小学校に入っても読んであげて、読み聞かせの声を聞きながら寝るのが習慣でした。

ボランティアとして小学校で絵本や紙芝居の読み聞かせを行っていたのですが、家でよく紙芝居の練習をしていましたら、中学生になった長男までも熱心に見るんですね。やはり子どもは本を自分で読むようになっても、優しい声で読んでいるお母さんの声を聞きたいんだなと思いました。

思い出してみると、私も母に絵本を読んでもらって、それがとても幸せな記憶として残っています。もちろん絵本の読み聞かせは教育によいという部分もありますが、母親との幸せな記憶を残してあげるという意味でも、お子さんたちが求める間はいくつになっても読んであげるのがよいと思います。

絵本の選び方は、電車や乗り物など、最初はお子さんたちが好きなものから読んであげるのが一番よいのかなと思います。

それ以外におすすめなのは、主人公が子どもとか動物などの親しみやすいものと、名作といわれる定番ですね。こぐまちゃんシリーズとかだるまちゃんとかとらのこちゃんとか、そらまめくんとか、子どもがお気に入りのシリーズもたくさん読みました。日本の昔話とかイソップとかアンデルセンなどの定番も読んであげました。

もちろん数学的な絵本や科学の絵本、歴史の絵本、図鑑のほか、谷川俊太郎さんの言葉遊びの絵本なども、とても面白くて子どもたちとよく読んでいました。本当にいろいろなものを絵本から教えてあげたと思います。私も一緒に楽しむという視点でたくさん選んであげました。

うちの子たちは3人とも男の子なのですが、女の子が主人公の絵本も読んであげました。世の中にはいろんなお友だちがいるということも教えてあげるのがよいと思ったからです。

絵本を読むときのコツは、やはりお子さんが面白いと思ってくれるように読むというのが大事だと思います。そのために声の抑揚や身振り手振りなど、いろいろ工夫もしました。形容詞はちょっと大げさに「たか～い」とか「さむ～い」とか声色をつけてあげて、子どもが本当に楽しくその場面を想像でき、お話に集中できるように意識していました。やはり楽しいと感じているときは、脳が快楽状態にあるので、脳がよく働きます。

何度も繰り返し読んでいる絵本を読んでいるときは、子どもはこの次の話はこうだよと私に言いたくてたまらないんですね。そういうときは「よく覚えてるのね。次はこうよね」

と言いながら、前よりもっと楽しく読んであげる。そうすると子どもも余計に反応を示してくれるんですね。

感情を込めて読んであげると子どもは本当に楽しくて、「もっと読んで！　もっと読んで！」となります。それは私にとっても本当に幸せな時間だったなと思います。

子どもがじっとお話に耳を澄ましてきちんと聞く時間は、理解力とか集中力を育むことにもつながったと思います。

ですからお子さんには、できるだけ優しく穏やかな声で、そして楽しく絵本を読んであげてほしいなと思います。絵本は最高のおもちゃであり、最高のエンターテインメントです。

第2章

習い事を始めるときに知っておくべきこと

お子さんの習い事についても、
実に多くの親御さんから質問をいただきます。
子どもの頭をよくするためにどんな習い事をすればよいか、
頭を悩ませているようです。
習い事について考えるには、
2つのアプローチがあります。
ひとつは、どんな習い事を選ぶべきか、
もうひとつは、
習い事にどんな姿勢で向き合うべきか、です。

まず必要なのは、ゴールを決めること

まず習い事を始める際に大切なのは、「ゴールを決めること」であると私たちは考えています。

やめる時期をいつにするか、ということを最初に決めておくということです。

お子さんがやめたいと言うからやめさせるというような中途半端な形ではなく、決められたところまではきちんとがんばることです。たとえ挫折しそうになっても、そこを乗り越えるようにエールを送って、決められた目標を達成させ、少なくとも決めた日まではがんばるというルールが必要です。

例えば中学受験をさせようと考えた場合、必ず習い事を中断したり、やめさせる時期がやってきます。その時期をいつにするかということを考えておく必要があります。4年生になる前の3月にやめさせる。こうしたキリのいいところを見計らって、じゃあこれでや

めようと、お子さんも納得したうえでやめる形をとることが大切です。

大切なのはきちんとやめること。なんとなく行かなくなったとか、やっぱり合っていないような気がするとか、友だちが嫌だから、先生が嫌だからやめたいとか、そういった逃げるようにやめるような形は避けたいものです。

ただ、その習い事が本当にお子さんに合っていない、お子さんの気持ちが習い事に向いていないなど、はっきりとわかるような状況でしたら、お子さんも十分納得したうえでやめるという判断は必要だと思います。

時期や目標を決めて、きちんと切り替えてあげ、習い事をお子さんにとっての「成功体験」として残すことが大切です。

例えば、ピアノを習わせてみたけど、あまりセンスがない。まわりの子のほうがずっとうまくてセンスがある。そんな場合であっても「うまくならないからやめよう」ではなく、「今度のピアノ発表会までがんばろう。そこでやめようね」という形で、お子さんが納得するような形で決めていくのがよいでしょう。

どんな習い事でも、すごく練習してもあまりうまくならないお子さんはいます。でも、お子さんは「続けたい」と言っている。そんな場合はどうすればよいのか。

その場合には「一緒に練習しようね」と励まして、「一緒にがんばる」というのが正解です。「うまくできないけれど、ここまでよく練習できたねー」と、その過程をほめてあげたら、それもお子さんにとっては成功体験になります。

子どもは母親にほめてもらうというのが、とてもうれしいのです。

だからうまくならなくても、その練習の過程をお母さんにほめてもらえたら、もうそれで十分満足なのです。

ほめてもほめても伸びない場合もあります。それでもがんばったことをほめてあげて、「発表会までがんばろうね」という約束をするのがよいと思います。

何を習わせるのか？

次に、何を習わせるか、という点です。

子どもに好きなことをやらせてあげて、その中から子どもに合ったものを続けさせればいいのではと思われる方が多いと思います。

もちろん好きなことをやらせてあげるということは大切です。そしてその中から合ったものを続けさせるということもよいことだと思います。ただ「何が子どもに合っているか」についての考え方をきちんと持っておくべきです。

ただお子さんが喜んでやっていれば合っているのかというと、それだけではありません。

いくつか習い事をさせてみて、お子さんが他のお子さんよりうまくできている、センスがあるというものを選ぶのもひとつの方法です。

小さいお子さんは、まだ自分の得意、不得意、好き嫌いというのを自分自身でわかっていない場合がほとんどです。

ですから、何をさせたらその子の秘めた力を引き出せるかを、本人も親御さんもわかっていない状態にあります。

なんでもやらせてみて、どんな力を発揮するかを親も子ども自身も見極めていったらいいと思います。

多くの親御さんは、お子さんの習い事を決める段階で、自分の子が何に向いているのかを考えます。例えば自分の子は結構運動ができそうだから、スイミングスクールがいいかなとか、パズルがすごく好きだから、絵を習わすのがいいかな、といったように習い事を決めたりします。つまり、あらかじめお子さんの表面に見えている能力によって、習い事を選ぶ方が多くいらっしゃいます。そのほうが成功率も高いように思います。

しかし私たちは、親御さんのイメージで決めるのではなく、いろんな習い事をさせたうえで、お子さんの習い事を選択することをおすすめします。どこにあるかわからないお子さんの能力を見つけるためには、この方法が有効です。

そのうえで、例えば半年ぐらいやらせてみて「これはいけるな」というものを続けて、その力を伸ばしてあげるほうがよいのです。

こうすることで、その習い事が成功体験としてお子さんの記憶に残ります。「半年ごとに習い事を変えるなんて、根気のない子どもになるんじゃないか」。そんなふうに心配される親御さんもなかにはいらっしゃいます。お子さんが嫌だといっても、とにかく長くやらせることが大切、そう考える方もいます。

習い事を始めるときは、ゴールを決めることが大切だとお話ししました。ただし、「これ」と決めてきちんと始めるまでは、いろいろ試してみることです。そのうえで納得してやめるのであれば、心配はまったくいらないと思います。何も学校をやめたいといっているわけではありません。才能を見つけるためにいろいろとチャレンジしているのです。

またこれは意外と多いのですが、お子さんの習い事に親御さんの思いが入りすぎてしまうケースがあります。親御さんが、自分のお子さんにロマンを託してしまうのです。サッカー選手になってほしい。自分が弾けなかったピアノを弾けるようになってほしい。そんな思いが強すぎると、うちの子どもはこれに向いている、というふうに思い込んでしまいます。

そうではなく、いろんなことにチャレンジさせることで、「隠れた子どもの能力の芽を見つける」という意識を常に持つことが大事です。

習い事に課題を持たせる

最後にもう一つ、習い事を選ぶうえで大切なことがあります。それは習い事に課題を持たせるという点です。

もちろん習い事は、お子さんの能力の芽を見つけてあげるという点でとても大切なものですが、お子さんはその後に受験を控え、その先に人間として成長していく、という大きな目標があります。習い事はお子さんの能力を発見し伸ばすことを目的としながら、受験や将来の成長につなげていくという意識も持っておく必要があります。また先ほどお話ししたように成功体験としての記憶を残してあげるという目標もあります。

例えば受験には体力も必要ですし、集中力も必要です。そして人間的な成長には創造力も欠かすことができません。そして成功体験は自分を信じることにつながります。その習い事が体力や集中力、あるいは創造力を養うために役立つかどうか。こうした視点も持っておく必要があるでしょう。

習い事から進学塾へのスムーズな移行

中学受験を考えた場合、専用の進学塾に通うことになります。そうすると、これまでお子さんが続けてきた習い事をどうするか、ということを考える必要があります。そのタイミングは、一般的にはだいたい小学校3年生から4年生の時期になるはずです。

ある日、突然に親御さんが「中学受験するよ」とお子さんに言う。そこで急に、全部の習い事をやめて、お子さんもそれに納得して急に勉強に取り組みだす、ということは現実的には考えにくいことです。このような急激な変化は、お子さんにとってあまりにもハードルの高いものです。

親御さんに必要なのは、その勉強のハードルを、実際に勉強を始めるまでにいかに低くしてあげるかということです。

まず中学受験をするということは、3、4年生になる前に少しずつ伝えていくことが必要です。あなたは中学受験をするんだよ、中学受験したらこんなによいことがあるんだよという話をして、自然と納得してもらう努力が必要です。例えばお医者さんになりたかったら、中学受験をするとお医者さんになりやすいといったことを、小さいころから繰り返し伝えるようにしましょう。

そのうえで、最終的にはすべての習い事をやめて、進学塾1本に絞る必要があります。その過程では、いきなりすべての習い事をやめさせるのではなく、少しずつ、例えば週1回の習い事を月1回に減らしていくといった方法がよいと思います。お子さんと相談しながら、回数を決めていくのもよいでしょう。

つまり、習い事のモードから、進学塾のモードに切り替えることを前提に逆算し、お子さんに対しても心の準備をさせておくということです。

最終的に進学塾に入ってしまえば、4年生、5年生、6年生と、どんどん学習の量が多くなっていきます。その中では、お子さんもその勉強をしなきゃいけないという脳になってくるので、習い事をやめるような判断を自分で行うようにもなります。

英語やプログラミングを覚えることは必要か？

これも親御さんからとても多く寄せられる質問のひとつです。

まず習い事には3つのパターンがあります。1つ目は学習系。2つ目が運動系。そして3つ目が芸術系。この3パターンの習い事を多くの親御さんが検討しています。

以前は学習系だったら公文式。運動系だったら水泳。芸術系だったらピアノといったような選択が定番になっていました。

具体的には時代によって変わっていくものですが、基本的にこの3パターンの考え方で習い事を考えていくのがよいと思います。例えば運動系が昔は水泳だったのが今だったらダンスになってもかまいませんし、サッカーでもかまいません。

そして、これからの時代を考えたとき、ここに英語やプログラミングの選択肢が入ってきても何も不思議ではありません。

これからの時代は、英語もプログラミングも社会で必要となる可能性が高いですし、その意味でも確実に役立つものです。

ただし、中学受験に関していうと、今のところ英語とプログラミングは必須科目にはなっていません。ですから中学受験のための習い事という考え方であれば、英語やプログラミングは必要ありません。

それよりも公文などで、算数、国語、理科、社会の4教科を強化するようなやり方をするほうが今のところはよいと思います。

しかし長期的な、社会人になったときの能力というものを考えれば、英語とプログラミングは非常に役立ちます。

つまり英語やプログラミングに関しては、お子さんの将来においてどちらが役に立ちそうかという観点で選択すればいいということになります。

POINT

習い事を始めるときに知っておくべきこと

- 習い事を始める際にはゴール（やめるタイミング）と課題（どんな力を養うか）を決める
- 上達しないときも子どものがんばりを親はほめて認めてあげる
- 何が向いているかを考えるより、いろいろな習い事を半年くらいずつやらせてみて、適性を見極める
- 決めた習い事については、きちんと目標を達成した時点でやめる（↓成功体験として残してあげる）
- あらかじめ予告して「習い事」のモードから「進学塾モード」にスムーズに移行させる
- 英語やプログラミングを習うことについては、何を優先させるかで判断する

第3章

自己肯定感を持たせるために知っておくべきこと

子どもが目標を持ち、
それを達成するためには、
子どもが自分の能力を
心から信じる必要があります。
そのために、子どもの一番近くにいる親は、
どのような働きかけをすればよいのでしょうか？
最良の方法は、ほめること。
親にほめられることは、
子どもの成長に非常に大きな影響を与えます。
では、子どもをほめる際に、
親はどのような工夫をすればいいのでしょうか。

子どもに自己肯定感を持たせるために

お子さんが目標を持ち、親御さんに言われるのではなく、目標を達成するために自ら行動をしていくためには、お子さん自身が自分の能力を心から信じる必要があります。

では、お子さんが自分の能力を心から信じることができるようになるために、親御さんは何をすればよいのでしょうか。

幼児教育の世界では、「自己肯定感」という言葉がよく登場します。

自己肯定感とは、簡単にいうと自分自身と自分の能力を信じて、「自分はこれでいいんだ」と思える能力、姿勢のことです。

お子さんの自己肯定感を高めていくために親御さんができることはたくさんあるのですが、ここでは特に外すことができない、大切な点についてお話ししたいと思います。

自己肯定感は成功体験から作られる

お子さんが自己肯定感を持つために重要な事柄として、まず成功体験が挙げられます。とにかくお子さんにたくさんの成功体験を積ませること。これが本当に重要です。

ただその前にひとつだけ、「これだけはすぐにやめてほしい」ということがあります。それはマイナスの言葉をお子さんに言うことです。

親御さんは日常の中で、ついお子さんに対してマイナスの言葉をぶつけがちです。「だからおまえはダメなんだ」「無理じゃないの？」「やめたほうがいいんじゃない？」など、ついそんな言葉を言ってしまいます。

目の前の結果だけを見て、マイナスの評価をする。

できなさそうだと親御さんが感じたら、最初からやめさせようとする。

面倒そうだからと、すぐにあきらめさせようとする。

まず親御さんが最初にやることは、こうしたマイナスの言葉をお子さんに対して絶対に言わないようにすることです。

そのうえで、お子さんに成功体験をさせるためにはどうしたらよいのかを考えます。

もちろんお子さんは、日常の中でいつも成功したり、勝ったりしているわけではありません。負けることもあります。その中でどうやって成功体験を増やせばいいのか。

例えば身近な例として小学校でのテストがあります。成功や失敗が点数の形でわかりやすく出ます。

ここで良い成績をとることができれば、それはもちろんわかりやすい成功体験になることでしょう。しかしテストの結果が悪いときもあります。

その場合、これをそのままにしておくのではなく、失敗を成功体験に変えていくことが大切です。

例えばわからなかったところをそのままにして逃げ出すのではなく、お子さんと一緒に、失敗したテストのレベルを下げて、できるところまでさかのぼってみる。そうすることで本当にわからなかったところにたどり着いたときに、テストでできなかったことが、しっかりできるようになります。

そしてこれを繰り返すことによって、お子さんは乗り越えることを覚えます。たとえ失敗しても、失敗を乗り越えることによって、僕はできるんだ、私はできるんだということを増やしていく。これが大切な成功体験となるのです。

遊びにしても同じです。例えば友だちと喧嘩をしたとき、どうしたら仲直りできるのか、トラブルが起きた場合にどうやったら解決できるのか。これを一生懸命自分で考えて解決していくこともひとつの成功体験です。

そしてトラブルを乗り越えたときに、お母さんが一緒に喜んであげる。そしてほめてあげる。これが成功体験をより大きなものにしていきます。

結果だけではなく、過程もほめる

お子さんが成功体験を感じるためには、親御さんにほめられることがとても大切です。

ただ、お子さんをほめる際にとても大切なことがあります。

それは結果だけをほめるのではなくて、そこにたどり着くまでの努力もほめてあげることです。

大事なことは、結果に至るまでのプロセスをしっかりと見てあげること。

例えばピアノの発表会。これは試験の合格、不合格のような結果が出るわけではありませんが、うまく弾けた、弾けなかったといった結果がすぐに出ます。

書道の発表なら、入選、佳作、銀賞、金賞などのランクも決まります。

書道の発表会でお子さんが入選だった。結果だけ見れば、今回は入選で残念でした、となってしまいます。発表会に臨むまでに、お子さんが毎日2時間もがんばって練習したというところが抜けてしまうわけです。

この途中のプロセス、お子さんが努力した姿は親御さんしか気づいてあげることができません。ですから親御さんは、プロセスのところをしっかり見てあげることが大切です。

そして「毎日2時間もちゃんとやっていた。よくがんばったね！」とほめてあげましょう、これが成功体験になります。

水泳の進級テストで今回は上のクラスに上がれなかった。これは結果だけを見れば失敗ですが、毎日１時間水泳を練習していたお子さんの姿を親御さんが見ていて、しっかりほめてあげれば、それは成功になります。

塾のテストなども、成績が良いか悪いかがはっきりと出ます。

しかし塾の点数が悪かったとしても、それまでにお子さんはすごく努力をしている。塾に毎日通うことも大変なことですし、塾の授業をちゃんと聞いてきたこともすばらしいことです。親御さんがどこに注目するかで、どこをほめてあげるかでお子さんの成功体験の数はまったく違ってくることになります。

ご褒美はがんばってきた過程に対して

よくお子さんのやる気を出す方法として、「テストで何点をとったらこういうプレゼントをしましょう」とご褒美《ほうび》を設定することがあります。

これも先ほどの、どこをほめるのかという話と同じで、どこにご褒美の対象を持っていくのかが大切です。何点をとったら、と結果に対してご褒美を設定するのか。それとも本を1ページ読んだら、毎日の宿題をきちんとしたらという努力に対してご褒美を設定するのか。

実はこれに関して興味深い実験結果があって、後者の努力に対して報酬をもらえるというやり方のほうが人はがんばるということがわかっています。

成果報酬、成果だけをほめるということは、お子さんにとっては、やはりハードルが高いものです。

努力すれば確実に報われる。そういう環境を作ってあげるほうがお子さんのやる気につながるし、より多くの成功体験にもつながることになります。

そしてこうした環境は、お子さんの日常を見ることのできる親御さんにしか作ることができません。

お子さんのささやかな努力に気づいてあげる。これが本当に重要です。

どうしたらできるかを考える

お子さんの成功体験を増やすために、もう一つとても大切なことがあります。

それはあきらめさせない、ということです。そのためには、できない理由を探すのではなく、どうしたらできるかを考えることが大切です。

これは子育ての中でもとても重要なポイントです。人は面倒そうなことを前にすると、つい「これだから、できないんだよ」という「やらない」「できない」理由を探して、やらない方向に逃げようとする傾向があります。


私が医師だった時代、研修医が私のところに指導を受けにきました。

そのとき私は、研修医に「この病気のことについてまとめておいて」と宿題を出します。

研修医は論文を読んだりしてまとめてくる必要があります。

しかし翌週になってもやっていない。そして「なかなか図書館に行く時間がなくて、ちょっと調べることができなかったんですよね」。あるいは「図書館に行ったけど思ったような論文が出てきませんでした」などと言い訳をする。

これがまさにできない理由です。面倒そうだから、できない理由を探す。まさにその典型です。

そこで私は、その研修医に聞きました。「図書館に行く時間を作るためにはどうしたらいいのか」「思っているような論文を探すにはどうしたらよいのか」を考えたことがありますか、と。

これが、どうすればできるかを考える、ということです。

そんなに、いつもいつも図書館に行く時間がないわけではありません。ちゃんと方法を考えれば、目的の論文だって見つかるはずです。つまり、できない理由を探すのではなく、どうしたらできるのかを考える方向に思考を切り替えることが重要なのです。

お子さんに対しても、同じことがいえます。できない理由を認めてしまわず、どうしたらできるのかを考え、あきらめさせないということです。

そのためには、親御さんがお子さんと手を取り合って協力することが必要です。できないで終わらせるのではなく、どうしたらできるのか。ぜひお子さんと一緒に考える習慣をつけてください。

ちょっとしたことでもほめる

お子さん自身が自分を信じられるようにするためには、親御さんがその子自身を心から信じてあげる。これに尽きると思います。

冒頭でも申し上げましたが、親御さんはともすると、お子さんが何かをしたときに、せっかくお子さんが自分から考えて行動しているのに、「もっと○○しなきゃ」「○○したらよかったのに」とマイナス思考の言葉を言ってしまうことがあります。

お子さんからすればせっかく親御さんにほめてもらえると思ってやったことに対して、そういうマイナスな言葉をかけられると、「自分からがんばったのに」とか「これだけやったのに」と、だんだんとやる気も失ってしまいます。

繰り返しますが、親御さんはまず、こうしたマイナスの言葉をお子さんに言うことをやめること。そのうえで、ちょっとしたことでもほめてあげることを心がけてください。

何か、ほんのちょっとでもよいことをしたら、どんなときでもほめてあげてください。

「うちの子は、よいことなどほとんどしないから、ほめることがない」、親御さんがそう思っていてもお子さんは必ず何かをしています。どんな子でも、何かよいことをしています。

そんなちょっとした、やったことを見つけて「ここぞ！」とばかりにほめてあげる。

それでも、正直なところ、ほめることが本当に思いつかないときもあります。そんなときもあきらめずに、お子さんがちょっとでも何かしたときに、「こんなのできたの！　わー、びっくり」という感じでほめてあげるようにしましょう。

2回ほめて1回教える

ほめる大切さはわかっていても、時には直してほしいことを指摘しなければならないこともあります。

私はそんなとき、あるテニス教室の話を思い出します。

私の大学時代の同級生が先生をしているテニススクールの話です。

そのテニススクールでは、生徒さんのことは、2回ほめてから、1回指摘する、という教え方の規則があります。

例えばサーブのフォームが汚い。ちょっと腰のひねり、体の回転ができていないな、というようなことを指導したいときには、その前に必ず2回ほめる。サービスの最初のトスはきれいに上がっています。ラケットの面はきれいにちゃんと出ています。ただ最後はちょっと腰の回転が甘いんですね、というように必ず2回ほめてから1回指導します。

2個よいことを言って、1個悪いことを指摘するのが常にセットになっている。

こうすることによって、生徒さんがやめる率が大幅に減ったというのです。やめないのは、やる気になるからです。いろいろ修正点を指摘されたとしても、ほめられてもいることで上達が確認でき、やる気が続くのです。

物事にはすべてよい部分と悪い部分があります。お子さんの勉強にしても、結果が出ないことがあるかもしれません。しかしその過程では、前よりも長い時間勉強できていたかもしれないし、前よりも集中できるようになっているかもしれない。

ただ結果が悪かったとしたら、指摘しなくてはいけない部分はある。しかし、そのプロセスをしっかり見て、指摘する前に2回ほめてあげる。

お子さんに対してこんなことができるのも親御さんしかいません。

とにかく肯定してあげる

子どもは何か悪いことをしたときにも、「こうだったから」と言い訳をするときがあります。大人の目には悪いことに見えることであっても、お子さんなりに「こう思ったから」という理由があったりもします。

例えば、ある親御さんからこんな相談を受けたことがあります。

「うちの子どもがガを分解するんです」という悩みです。

一見、ガを分解する、虫を殺すというのは、それだけを見ていると大人の目には「なんて残酷なことをするのだ」というふうに見えてしまいます。

しかしお子さんの話を聞いてみると、それにはきちんと理由がありました。お母さんがガが嫌いで、お子さんは、お母さんをいじめるガをやっつけたかった。これがそのお子さんの本音だったのです。すごく心の優しい、お母さん思いの子だったわけです。

例えば、お子さんが「今日は勉強したくない」と明らかにサボっているときもあります。そんなときでも「そんなダラダラして」「なんでやらないの。ダメじゃない」とマイナスの言葉ばかりをかけるべきではありません。

大切なのは、どんなときでもいったん肯定してあげることです。サボっている場合でも「そうだよね、わかるわかる」「しんどかったよね」「疲れるよね」とまずは肯定してあげる。そのお子さんの気持ちを理解したうえで、「でもこれだけは、今日中にちょっとがんばってみようか」「ここまでは一緒にがんばろう！」というふうに前向きのものに切り替える。あるいは少し放置して休ませたうえで「お休みしたから、ちょっとがんばってみようか」と言葉をかけてみればお子さんはとても安心します。

親はわかってくれているという思いは、大きな安心感につながっていきます。するとお子さん自身が「ちょっと休んだら、もうちょっとやってみようかな」という気持ちにもなってくれます。

ですから、どんなときも否定せず、まず肯定しましょう。そしてちょっとしたことでもほめてあげる。この繰り返しが大事なのです。

ほめるときの工夫

ここまで、ほめることの大切さについてお伝えしてきました。次に、お子さんをほめる際の工夫についてもお話ししていこうと思います。つまり、どのようにほめるか、ということです。

まずほめる際にぜひやってほしいのが「具体的に」「わかりやすくほめる」ということです。

こうこうしたから、何々ができるようになったんだね、だからすばらしいねというように具体的にほめるのがコツです。よい結果が出ていたとしたら、どんな努力でよい結果が出たのかをお子さんに理解させながら具体的にほめてあげるということです。

特に幼児期のころは、ひとりでいろいろなことができるようになって、それをほめてもらうことで伸びていきます。ちょっとしたことでもしっかりほめて育てることを常に意識することです。そうすることで、「自分はすごいことができたんだ！」という肯定的な気持ちになります。

お母さんのお手伝いをしてほめられた。お母さんに頼られて、うれしい気持ちになった。そのときに「これをしたから、ほめてもらえたんだな！」ということが具体的にわかっていくと、お子さん自身の価値観の形成にも大きく影響していきます。

また幼児期には言葉だけでなく、態度で示してほめてあげることも大切です。

例えばほめながら抱きしめてあげる。上の子が下の子に優しく接していたら「さすがだね」「優しいね」と言って、忙しくても一瞬でいいので抱きしめてあげる。

お母さんに抱きしめてもらえる、その一瞬のためにがんばろうとするようになります。

ただ、お子さんが小学校に行きだすと、幼児期のように何でもほめるだけではうまくいかなくなってきます。

年長から小学校ぐらいになったら、本人にがんばりが見られたとき、進歩したといったときに、以前よりも具体的にそのことを挙げて、しっかり意識させてほめていくことが必要です。

そして、ほめる際には「ほめる」＋「感謝の気持ち」がセットになっていることも大切です。

頼み事を聞いてくれたときは、ほめるとともに「ありがとう！　助かったわ！」といった言葉を付け加えるようにしましょう。

この「ありがとう！　助かったわ！」という言葉を付け足す意味は、「責任と貢献の自覚」を促すためです。自分ができただけでなく、自分のやったことが人のために役立っている、ということを自覚させるのです。小学生になってくると、人から頼まれたことを責任を持ってやりとげることが普段の行動の中に求められてきます。「できたね」だけでなく「ありがとう」と言われる場面が多くなります。

ほめてあげるときに、「ほめる」＋「感謝の気持ち」をセットにするのは、こうした社会性の成長にもつながるのです。

POINT

自己肯定感を持たせるために知っておくべきこと

- 子どもにたくさんの成功体験をさせる
- 子どもが努力したことは、結果だけでなく、プロセスの部分もしっかり見てあげる
- ご褒美は、結果ではなく子どもの努力に対してあげる
- できないことも「どうしたらできるか」を一緒に考え、普段からあきらめさせないことで、すべての体験が成功体験につながる
- ちょっとしたことができたときでも、ほめてあげて、「お母さんはわかってくれている」という安心感を与えてあげる
- 指摘したいことがあるときは、「2回ほめて1回教える」
- 子どものやる気が出ないときも否定せず、まず肯定する
- 言葉だけでなく態度も重要。幼児期は一瞬でもいいので抱きしめてあげる
- ほめるときには「ほめる」＋「感謝の気持ち」をセットで

第4章

子どもを叱るときに知っておくべきこと

子どもは親の言葉を本当によく聞いています。
そのため、親の言葉は子どもの成長に
大きく影響を与えます。
親は子どもに対して、
どのような言葉を選んで口にすべきなのでしょうか？
特に子育ての中で、
子どもに対して「叱る」ときが必ずあります。
そのようなとき、子どもの自己肯定感を保ちながら、
効果的に叱るためにはどうすればよいのでしょうか。

叱る以前に親のやるべきこと
～愛情を常に伝える

お子さんを叱るときに親御さんが気をつけるべきことをお伝えする前に、まず日々、どのような意識でお子さんと接する必要があるのか、親御さんが意識的に口にすべき言葉はどんな言葉なのかを考えてみたいと思います。

なぜなら、叱る際にも普段の親子の関係が大きく影響するからです。

子どもは、親の言葉を常に聞いています。小さい子どもにとって、最も接する機会が多いのは親です。子どもの耳に入ってくる言葉の大半が親の言葉です。

小学校に行くようになると、他のお子さんと話す機会も増えますし、先生との会話や塾での会話もあります。それでもやはり、一番接するのはお母さん、お父さんです。お子さんに対して最も大きな影響力を持つ親御さんは、お子さんとの会話で、どのようなことを意識しておく必要があるのでしょうか。

私たちは、お子さんと接する際に最も必要なのは、親御さんがわが子を愛しているということを言葉にしてあげることだと考えています。「好きだよ」「愛してる」と言ってぎゅっと抱きしめてあげる。無条件にあなたを愛しているということを伝える。それによって、お子さんは自分が愛されているんだということを感じる。これが本当に大切なことです。

ここで忘れてはならないのは、お子さんが親御さんから「無条件」で愛されていると感じさせてあげることです。親の言うことを聞くから、勉強ができるから愛しているのではなく、どんなことがあっても、いつでも、必ず愛しているということです。

もちろん親は子どものことを愛しています。愛していない親はいません。しかし、思っているだけではなくて、それをきちんと口に出すことが重要です。

そうすることによってお子さんは、親御さんの無償の愛を感じることができるようになります。

「賢い」というレッテルを貼る

次に「あなたは賢い」ということを常に伝えることも必要です。子どもの能力を引き出すためには、子ども自身が、自分が「賢い」と思うことが重要です。

そのためには、自分は賢い子なんだという自信を与えてあげる。その大前提として、先ほど申し上げたように、お子さんに「愛してる」「好きだ」という言葉を伝えてあげることが大切です。

また、第3章では、決してマイナスなことは言わないことが大切だとお話ししました。「できない」とか「だからダメなのよ！」「ばかね」「何やってんの！」といった言葉は絶対に使ってはいけません。

逆によいことを少しでもしたら、とにかく細かいことでもほめてあげる。よい行動をたくさん見つけて、ほめてあげる。それも大げさにほめてあげることが大切です。

「靴をそろえましょう」と言わなくてもちゃんとそろえられたときに「よくできたわね。ママに言われなくても、ちゃんとできたね！」とほめるなど、そういう小さなところまでほめてあげることがとても大切です。

そのうえで「やっぱりあなたは本当に賢い子」と伝える。小さいころは親の言葉がほとんどすべてなので、親の言った言葉のとおりの子どもになります。親御さんが賢いと言い続ければ、必ず賢いお子さんになります。

叱るときにも「愛している」と伝える

もちろん、子どもはほめられるようなことばかりじゃなく、悪いことをすることもあります。

悪いことをしたときは、やはり注意し叱ることが必要です。

ただ、大きな声で感情的になって叱るのは、避けなければいけません。感情に任せて叱るという行為は、たしかにそのときだけはお子さんの行動が変わる、あるいは叱られたことをやらなくなるという効果があるかもしれません。

しかしお子さんは単に「これをやったら叱られる」という関連性を知っただけで、どうして叱られたのかは理解していないし、叱られないとわかれば同じことを繰り返します。

大切なのは「こうされると、お母さんは悲しい！　だから、しないようにしてほしい」ということをしっかりと伝えることです。そして、その理由もしっかりと話すこと。

そして叱ったあとでかまいませんので、必ず「愛している」という事実をお子さんに伝えることが大切です。

どんなことをしても、自分は親に愛されている、大好きだと言ってもらえると子どもが実感できることが大切です。先ほど叱る以前の親御さんの行動として「愛情を伝える」「賢いという自信を持たせる」ことが大切だとお話ししましたが、叱る場面でも、この「愛されている」「ほめられている」という背景があるかないかで、結果はまったく別のものになってしまうわけです。

ですから「そういうことする子は、お母さんは嫌いだよ」といった言葉をかけるのは絶対にしてはいけません。それは小さい子にとっては自分のすべてを否定される言葉になってしまいます。

小さいうちは、叱って、その場で本人が納得したとしても同じことを繰り返します。一度では難しいということを理解しておきましょう。何度繰り返しても、「これは、しないようにしよう」と伝える。伝えたうえで「大好きだよ」と言葉で伝える。それを繰り返します。

その繰り返しによって、お子さんの頭の中には、よい悪いの判断が母親の表情として刷り込まれていきます。

子どもを賢く叱るためには？

もうひとつ、お子さんを叱る際に気をつけなければならないのが、子どもの自己肯定感の問題です。子どもは成功体験によって自己肯定感が育まれ、「自分のやっていることは正しい！」という意識を持ち、自分でどんどん努力するようになります。

しかし、叱るという行為は、ときにこの自己肯定感、成功体験とは逆の感情をお子さんに与えることにもなってしまいます。

では、どうしたらよいのか。ひとつには、叱ることについてきちんと基準を作っておくことが大切です。お子さんがこれをやったときには叱る。お子さんの側もこれをやったから叱られる。叱られても仕方がない。そんな基準が必要です。

例えば人を傷つけたとき。いじめなどにつながってしまうような行為。あるいは嘘をついたとき。約束を破ったとき。そして命の危険を伴うようなことをしたとき。ただ怠けたいとき。このようなケースでは、親御さんが叱る基準が明確であれば、お子さんも叱られた理由がわかり、叱られても仕方がないと納得して、自分を否定された気持ちになることはありません。

叱るときは、「なぜ叱られているのか」をお子さんがわかるように叱るというのが重要だということです。お子さんが単に叱られている、怒られていると捉えていれば、親御さんの言葉を真剣には聞きません。ただその時間が過ぎることを願って我慢しているような状態です。

自分が何をしたから叱られているのか。これをなるべく具体的に知らせてあげることで、「これをやったら叱られる」という基準がお子さんの中に徐々にできあがっていきます。

逆に言えば、これ以外のときは叱ることはなくなるということです。

叱ったあとに、しっかりと確認する

例えば本人がケガをしそうなとき、あるいはこれをしたら他の人に迷惑がかかるというようなときには叱る必要があります。

ただお子さんが小さい間は、できるだけ叱る場面を作らないようにするのも親御さんの役目だと思います。触ってはいけないものが部屋に置いてあったら、それは親御さんが悪いということです。

子どもは、「絶対に触らないでね」というものほど、興味を引かれて触りたくなります。

ですから、「なぜ触ったの！」と叱ることが多いのだとしたら、お子さんの興味のある物を置いておく親御さんが悪いのです。

叱らなくてはいけない環境を極力作らない。そのうえで基準を作って、お子さんにも「あ
あ、これをしたから叱られたんだ」とわかるように叱る。これが大事です。

また、お子さんが危険なことをしそうなとき、とっさに叱ってしまう場合もあります。その瞬間、あぶないときは「あぶない！」と大きな声で言ってしまいますが、それはそれで仕方がありません。

しかしこうしたときは、あとでゆっくりとお子さんと話す時間を作るようにしましょう。大きな声で叱ってしまったときは親御さんもお子さんも興奮状態なので、話が伝わりにくい状態にあります。

例えばその日の夕方にでも、お子さんを呼んで、ぎゅっと抱きしめて、「お母さん、大きい声を出してごめんね。大きなケガをすることがあるからお母さんは怒ったんだよ」「あんなことをしたらお友だちがケガをするかもしれないから怒ったんだよ」と真剣に伝えま

しょう。ニコニコ笑いながらではなく、真剣に伝える。そうすればお子さんも「お母さん、いつもとは違う。真剣なんだ」と小さくても感じてくれます。「これをしたら、お母さんのいつもの笑顔がなくなっちゃう」と思ってもらえます。

こうした記憶が刷り込まれていくことで、お子さんが徐々に理解し、やってよいこと、悪いことをしっかりわかったうえで行動することにもつながっていきます。

そして、あれこれと注意しなくてもいいような子どもに成長していきます。

怠けている子どもを叱るとき

お子さんがサボっているようなときに、つい叱ってしまうケースも多いと思います。決められた勉強の時間になってもごろごろしていて勉強しない。そんな姿を見て、つい「どうしてだらだらしているの?」と叱ってしまいます。

もしかしたら、叱られたお子さんはそのあと机に向かって勉強を始めるかもしれません。

しかし、それは親御さんから言われてしぶしぶそのようなフリをしていることが大半です。そして、目を離せばまたすぐにサボってしまうことでしょう。

ここで必要なのは、まずは、「どうしたの?」と聞いてあげることです。

そのように聞いてみると「ちょっと学校で疲れてしんどかった」「嫌なことがあって、気が乗らなかった」という言葉が返ってくるかもしれません。

あるいは今まで勉強を一生懸命していて、「ちょっと疲れたから、今休んでるところ」という言葉が返ってくることもあるでしょう。

本当に今ちょうど、ごろんと横になったところだったかもしれません。偶然そのとき、ほんのちょっと休んでいる姿を親御さんが目にして、事情も聞かずに叱ってしまえば、お子さんは反発するかもしれません。

しかし、「どうしたの?」と話を聞いてあげるワンクッションがあれば、そういうことになりません。

そのうえで、例えば「今日の勉強どうしようか?」と、お子さんに投げかけてあげれば、今度はお子さんが自分で考え始めます。

「しんどかったからちょっと横になってたけど、算数だけでも終わらせたほうがよかったかな」、あるいは「ちょっと休みたいとか、言っておけばよかったのかな」といった知恵もついてきます。

勉強しなくてはいけないという気持ちは、お子さんもきちんと持っています。そうやって自分で考えることで、「休んだあとやろう」という気持ちに自分からなってくれます。

そういうやり取りがあれば、親御さんも「もうちょっと休んだらいいよ」と、叱るのとは、まったく逆のことを言ってあげられることにもなります。

大切なのは聞いてあげること。そして子どもが自分で考えることです。

叱るときは客観的な視点を忘れずに

また叱るときには、お子さんの状態を客観的に見ることを忘れないようにしましょう。

今はごろごろしているけれど、ずっとごろごろしていたのか、1時間勉強したあとなのか。

きちんと状況を客観的に見てあげることです。

そして「なぜ怠けていたのか」や「なぜこんなこと言ってきたのか」という、お子さんの行動の背景をきちんと把握する姿勢が大事です。

状況だけをパッと見て、「何をしてるの！」「どうして怠けているの！」と怒ってしまうのは効果がありません。

親御さんが客観的に判断せず決めつけて叱っていたら、お子さんにとっては「ただ怒られた」というマイナスの感情しか残りません。親が自分のことを理解していない、自分のことを見ていない、あるいは自分のことを愛してくれていないと感じることにもなってしまいます。

そして、お子さんが叱られたとき、なぜ叱られたのかをきちんと理解させる時間を作りましょう。

お子さんのことを客観的に判断する。そして何が悪かったのかを明らかにする。この2つの視点を持つことによって、お子さんもしっかり善悪の判断がつくようになります。

小学校に入るまでに、こういう習慣をしっかりとつけることによって、自分で考えて行動できるようになります。

中学校以降では、姿勢を変化させる

ただ、このように声がけをして、話を聞いてあげ、自分で考えさせるという方法は、だいたい小学校までのことと思ってください。

中学校に入ってからは、勉強する、しないも自己責任であるという、一段階上の考え方も重要になります。大切なのは中学生になって自分の判断で行動を決められるようになったとき、叱らなくてもしっかりやっていけるようになっていること。そのために幼児期から小学生のうちの叱り方が大切になってくるわけです。

中学以降に叱らなくてもいいように、小学校時代に、親御さんが必ず叱るべき場面は次の５つでした。

「人を傷つけること」「嘘をつくこと」「約束を守らないこと」「命の危険があること」「ただ単に怠けていること」。

これらの「やってはいけないこと」の基本をしっかりと身につけさせ、何が悪いのかを、愛情をもって教えておけば、中学生になってからは叱る必要がなくなるはずです。

子どもを感情的に叱らない方法

ついお子さんに対して感情的に当たってしまったり、怒ってしまう。こんな悩みを持つ親御さんは少なくありません。

感情的に子どもを叱る、怒るということは、子どもの成長にとってプラスになることはありません。お子さんにとっては、叱られている、怒られているという状況だけが目の前にあり、それについて自分で反省するということには結びつきにくいものです。

親御さんも、感情的に怒ってしまったあとで「やってしまった！」と反省することが多いのではないでしょうか。

では、どのようにすれば、感情的に怒らずにいられるようになるのでしょう。

まず大切なのは、そのときに「子どもを変えよう」と考えるのではなく、親御さん自身もそこで何か変わろうという意識を持つことです。子育てにはイライラがつきものです。怒らない子育てができるようになるには、親御さんの側にもそれなりの訓練、覚悟が必要です。

例えば怒りたいという感情をコントロールするために、目の前で起きた「怒る要因」を解決できることとできないことに分けて考えるのもよいでしょう。

例えば道路の渋滞は、自分の努力では解決できません。

こうした自分ではどうにもならない事柄に対しては、まず怒りの感情を捨てること。そのうえで、コントロールできる、つまり自分で何とかできるイライラの種に目を向けて、それをどうすれば解決できるのか、何ができるのかを考えて実行に移すことが「感情的に怒らない子育て」への第一歩であると思います。

「怒る」感情をコントロールする5つの方法

怒りをコントロールするための、すぐにできる方法を私なりに5つ考えました。

その1●怒らないと決める

1つ目は怒らないと決めることです。お子さんを怒らないと決めて、とにかくほめる子育てをすると決意する。お子さんの行動、やることをすべて認めてあげて、怒りをお子さんを信じる力に変えていくのです。

その2●別室へ移動する

それでもどうしても怒りたくなったときは、別室へ移動します。
体を自分で動かして移動し、時間をおくと感情を変えることができます。その場所から離れることで、気持ちが落ち着いて自分を取り戻すことができるようにもなります。

その3●自分に置き換える

3つ目は、自分に置き換えてみること。

例えば怒ってしまいそうなときは、自分が幼いころに、こんなことで親は怒っていたかなと考えてみる。もし自分の両親がほとんど怒らない親御さんだったとしたら、自分がこの状況で子どもを怒るのは違うのではないかと考え直しましょう。逆によく怒る親御さんに育てられたとしたら、そのときに味わった嫌な感情を思い起こしましょう。自分の小さいときのことを考えて置き換えてみることも有効です。

その4●深呼吸をする

これは皆さんも実践されているかもしれません。感情的になる前に一度深呼吸をして、5つ数えてみること。

お子さんの言動に対して即座に反応しないで、心の中で1、2、3、4、5と数えて、とにかく落ち着く。すると、物事を合理的に判断できるようになります。とりあえず数えてみて、かっとした勢いで行動をせず、冷静さを保つように心がけることです。

その5●話を聞いてもらう

怒りの感情を自分だけで抱え込むのではなく、親しい友人や家族、誰でもいいので話を聞いてもらうことも怒りをコントロールするために有効な手段です。

「子どもがぜんぜん言うことを聞かない」といった怒りの原因を一人でため込まないで、自分の感情を吐き出せる家族や友人に伝えることで、気持ちも楽になります。人に話しているうちに考えがまとまって冷静に判断ができることもあります。

こうして怒りの感情に関してあらためて考えてみると、子どものためと思ってしていることでも、感情を相手にぶつけているだけのことが多いということにも気づかされる部分があります。

こうした、いわゆる「アンガーマネジメント」は、親子だけではなく、夫婦間でも同じことがいえるのではないかと思います。

また、お子さんをあまり子ども扱いしないことも大事です。お子さんをある程度、大人と同等の存在として見ていく。そうすることで自分の中の「怒らない」ことの許容範囲が広がることもあります。そうすると、他の親御さんが怒っているようなことも、自分の中では怒るようなことではなくなる。そういう気持ちの持ち方も大切だと思います。

子どものやる気を損ねない指摘の仕方・ほめ方

子どもの間違いを指摘したら、子どもが頑固になってしまい「もうやりたくない」と投げ出してしまう場合があります。親御さんとすれば正しいことを教えたいから指摘しているのですが、それがかえってやる気をそいでしまうのです。

子どものやる気をそがないよう、子どもの間違いを指摘する。なかなか難しい課題です。

幼児教室ひまわりで教えている大平博美先生は、お子さんに間違いを指摘するときに、こんな方法をとられていました。

それは、完璧な母親という立場を捨てて、お母さんも間違える姿をわざとお子さんに見せるというものです。

これは特にお子さんが3～4歳のころまでは有効な方法だと思います。

例えば、お子さんが間違えた問題を母親も解いて、あえて間違えてみせます。

「ここはこうだからこうなるよね。えーと、あれ、違うかな?」

という具合です。

そしてお子さんが、「あれ、お母さんがやってるの、なんとなく違うぞ」

と気づけるように導いていきます。

一緒に考えていくうちにお子さんのほうが、

「あれ、お母さん、ここが違うんじゃない?」

「え、そうか。こうかな?」

「そうそうお母さん、こうなって、あれ?　なんか違うかな……?　もう1回考えるから
ちょっと待って。僕、答えを直したい」

となるそうです。

ただお子さんが4～5歳になると、そんなお母さんの小細工はお見通しになりますし、問題を解きながらお母さんの顔色をうかがうようにもなっていきます。

この時期の子どもは、人から間違いを指摘されても、怒ってやる気をなくしてしまうことは比較的少なくなってきます。それよりも、親御さんの表情やニュアンスに敏感になる傾向があります。

敏感な時期のお子さんには、「あーあ、また間違ってる」とか「昨日あれだけ教えたのになー」といった親御さんの気持ちが、微妙な表情の違いから伝わってきます。

お子さんは、そんな親御さんの感情を察知して「あー、もうわからないから嫌！」と逃げてしまいます。

もしそうなってしまったら、しばらく時間をおくことも大切です。そして間違いを正す作業を一緒にやっていきましょう。親御さんの手本を見ながら落ち着いて考えていけば、少しのヒントで正しい答えを導き出せることも多々あります。

子どもがやる気をなくしてしまう原因のほとんどは、実は親とのやり取りにある、という認識を持つことも必要です。

小学生になってくると、またお子さんの受け取り方に大きな変化があります。

小学校低学年のうちは、テストの内容も皆ができるようなものがほとんどなので、全問正解が難しくありません。テスト用紙いっぱいに書かれた花丸を先生がつけてくれるので、喜んで見せにきてくれます。

しかし、学年が上がってくると、常に全問正解することができなくなってきます。

子どもは、花丸がもらえたら自分もうれしいし、お父さんやお母さんも喜んでくれると知っています。そのため、丸ではないバツを嫌がって、たとえ家でやったプリントの問題でも、できるだけ、間違いを隠そうとするようになります。

でも、そもそも子どもの成長の過程では、成功よりも間違いや失敗のほうが圧倒的に多いものなのです。子どもは間違いを繰り返し、失敗しながら徐々に成功し、成長していくのです。

ですから、子どもが持ってしまいがちな「間違い」＝「恥ずかしい」という考えは、成長には決してプラスにはなりません。

ただ、だからといって、「間違いはいいことだよ」と言えばよいというものでもありません。

その微妙なニュアンスをお子さんに伝えていくには、親御さんはほめ方に気をつけることが必要になってきます。

小学校に入ってからは、ただほめればいいというものではなくなります。例えば１００点をとってきたお子さんに、「１００点！　すごいね、えらかったー、すごい」と単純にほめることを繰り返すだけ、というのはあまりよい方法ではなくなります。

このころの子どもは「ノーミス」＝「すばらしい」＝「お父さん、お母さんが喜ぶ」といった公式がインプットされた段階から、次の段階に成長します。

すると、間違えるとお父さんやお母さんが悲しむから隠そう！　こんな自分じゃダメなんだというふうに今度は自分に対して腹が立つようになります。

ここで必要なのは、努力の過程をほめることです。「一生懸命、復習してたよね」「がんばったからだよね」と、点数よりもがんばった過程を言葉にして、しっかりほめてあげることが大切です。

それはよくない点数を持って帰ってきたときも同じです。

「あんなにがんばってたのになんでこんな点なの？」と思っているのは親以上に本人です。

こうした場合に、必要なのは、一緒に見直してお子さん自身が、

「あー、ここで間違ってたんだ」

「そうだね、よかったね。間違いを見つけられて、えらかったね」

というふうに繰り返すことです。このように繰り返すことによってお子さんの頭の中で、「間違えても、その間違いを見つけて、次に間違えなければいいんだな」という正しい理解が進んでいくのです。

また間違いを指摘するうえで大切なのは、間違いを記憶させることです。「この情報はとっても重要なんだ」とお子さんの脳にアピールすることです。

例えば先ほどもご紹介した大平先生は、テストの間違いに大きな×をつけることを、あ

えて行っていたそうです。

逆のこと、○をつけることはよく行われています。

プリントで間違った答えがあっても、そこに×はつけず、解き直させる。そして正解に至れば、そこに○をつけるというやり方もあります。

しかしこれでは、間違えた問題を「できた」と子どもの脳が判断してしまい、記憶してくれなくなります。そこで大平先生は息子さんが5歳ごろから、間違えたら、間違えた問題には色ペンで強調して印をつけていました。

最初、幼児期や小学校低学年のお子さんは嫌がるかもしれません。先生の息子さんも「うわー、間違えた！　こんなバツがついた！」と嫌がったといいます。

しかし初めは嫌がったものの、息子さん自身が自分で間違えた問題がすぐわかるので、その数の多い少ないに対して、だんだんとやりがいを見せ始めたといいます。大きなバツがやる気のもとになったのです。

必ずしも丸だけをつければお子さんのやる気を引き出すわけではない、ということもおわかりいただければと思います。

POINT

子どもを叱るときに知っておくべきこと

「叱る前に」

- 「愛してる」という言葉で無償の愛を言葉で伝える
- あなたは「賢い」という言葉を通して、自信を与える
- 子どもを観察して、ほめる点を見つける
- 結果がどうであっても、その過程をしっかりほめる
- 叱らなくてはならない場面を作らないようにする

「叱るときに」

- 子どもを叱るときにも愛情表現をすることで、子どもは安心感を得られる
- 人を傷つけたとき、嘘をついたとき、約束を破ったとき、命の危険があるとき、ただ怠けているときに叱るという基準を決める

- 何が悪くて叱られたのかを伝える
- 子どもがサボっているように見えたら、「どうしたの？」と理由を聞く
- 子どもの側にも言い分があるかもしれない。状況を客観的に捉えて、親の側が受け入れる姿勢を見せる。
- 中学生になったら自分で判断できるようにするために小学生までによいこと、悪いことを理解させる
- 感情的に怒らないための５つの方法を思い出す
- 「間違いは恥ずかしい」と思わせないよう、ときに間違えるお母さんを演じてみせる
- 間違いを記憶させるため、あえて大きなバツをつける

Q&A

小学校との付き合い方。宿題、内申書、授業などはどうすればいいか？

回答
●幼児教室ひまわり講師
大平博美 先生

・長男は東大寺学園中学、東大寺学園高校を卒業、京都大学医学部に合格
・次男は大阪星光学院中学、大阪星光学院高校を卒業、大阪大学医学部に合格
・塾講師としての指導歴約10年、幼児教室での教育カウンセラー歴15年、教育業界での指導歴25年の幼児教育のプロフェッショナル

中学受験に関する相談の中で、小学校との付き合い方をどうすればよいか、というご質問を受けることがあります。

小学校5、6年生は受験勉強中心の生活になるので、小学校の授業や宿題、課題なども、中学受験を念頭に考え直す必要もあります。

例えば小学校の内申書。ほとんどの中学受験では、小学校の部活動や委員会で何をして

いたかが大きく有利になるということはありません。ただ、希望する中学によってはリーダーシップがあるかないかが重要視されることもあるかと思いますので、受験する中学の特性を調べておくのも大切です。

普通の授業内での授業態度や体験学習に対して真面目な態度で取り組むことは大切です。ただ受験前になると風邪やインフルエンザをもらってこないかといった心配もあります。私は子どもの最初の受験校の受験日の10日前から学校を休ませました。これが正解なのかは今でもちょっとわからないのですが、これは学校の先生の了承を得ての結果です。

6年生の夏休みは時間をかけて苦手分野を克服できる最後のチャンスなのですが、学校からも大量の宿題が出ます。試験直前の冬休みの宿題の多さにも辟易したのを覚えています。

うちの子どもたちは公立だったのですが、当時は私立の小学校の受験に対する理解と寛大さをとてもうらやましく思いました。

たしかに与えられた宿題をやるのはとても大切なことだと思います。また、宿題が中途半端ではやはり先生の子どもに対する印象も悪くなります。しかし宿題の中には、絵画とか自由研究など、非常に時間のかかるものもあります。こうした自由研究は私が手伝いながら一緒にしました。

小学校は受験前の子どもにとって少なからず息抜きの場ともなっていました。学校は友だちといっぱい話ができるし外で遊べるし、休み時間と昼休みも絶好の息抜きの時間にしていたように思います。

でも、学校から帰ってきて少しご飯を食べたら、塾の宿題をしなくてはならない時間になります。そして、そういうときにピンポーンとチャイムが鳴って、友だちが遊びに誘いに来ることが何度かありました。

そのときは「少しだけ」ということで遊びに行かせました。「もう時間だよ」と言うと、遊ぶのをやめて必死に塾の宿題をやっていました。ただ受験が近づいてくるにしたがって、次第に子ども自身が遊びの時間を減らして、受験のほうに集中していきました。

親御さんと一緒に、友だちとはちょっと違う目標に向かってがんばっているんだということが、子ども自身にもわかっていたからだと思います。そのためには、日常の親子の関係も大切になってきます。

親御さんは、小学校との関わり合い、お子さんの時間の使い方などを考えていく必要はあると思いますが、結局最終的には、子どもが自分で考えて自分でやっていくという部分も必要になります。

親にできることは、子どもが安心して中学受験にチャレンジできるように環境を整えてあげて、小学校とのよい関わりを保っておくことではないかと思います。

第5章

自主性を身につけさせるために知っておくべきこと

親に言われてやっと勉強するようでは、
これから待ち受ける受験を
勝ち抜いていくことはできません。
もちろん将来医師になってからもそうですし、
医師でなくとも、自分で考え、
自分から行動する姿勢を持っていなければ、
自分で人生を切り開いていくことはできません。
自分からやる、自分の意志でやる。
こうした姿勢を育てるのに、
親はどうすればよいでしょうか。

親自身が学ぶ楽しさを見せる

幼児教室ひまわりで教えている講師の多くは、お子さんを実際に医者にしたり、東大に合格させたりという経験をお持ちです。その先生方が口をそろえておっしゃるのは、「子どもは親にがみがみ言われて勉強したのではなく、自分から進んで勉強をした」ということです。

では、どうしてお子さんは自ら勉強するようになったのか。

まず一つ言えるのは、親御さんが口先だけで「勉強しなさい」と言ってもお子さんには伝わらないということです。

例えば親御さんがテレビを見ながらお子さんに勉強しなさいと言っても、お子さんにしたら「なんで自分だけ？」という気持ちになるだけです。説得力も何もありません。

では、どうしたらよいのか。

ひとつには、親御さんが勉強するのは楽しい、という姿勢を見せることです。

例えばお子さんが幼児期であれば一緒に勉強してみるというのもよいでしょう。あるいは親は親なりに、自分の好きなもの、興味のあるものについて勉強してみる。そしてわかった瞬間や、問題が解けた瞬間の楽しさ、その姿をお子さんに見せる。

その楽しそうな姿を見れば、お子さんも自分から学ぶクセがつくようになります。

学びたくなる環境を親御さんが作ってあげること。これが重要なポイントです。

達成感を味わうことで集中させる

親は子どもになんとか勉強してほしいと思っています。そのため、お子さんがサボっている姿を目にすると、つい「いい加減に勉強しなさい！」と言って、なんとしてでも勉強させようとしてしまいがちです。

しかし、叱られていやいや勉強をしても時間が経つばかりで、ぼーっとして何も進んでいなかったり、鉛筆を持った手がぜんぜん動いていなかったり、頭では他のことを考えていたり……ということになってしまいます。

大切なのは、お子さん自身のやる気を引き出して、たとえ短時間でもいいので集中させる工夫です。

人は目の前の物事を楽しめないと集中できません。そして楽しさは達成感によって得ることができます。大人も達成感が得られなければ、仕事を一生懸命やろう！　という気持ちにはなかなかなれないのと同じです。

例えば小さいお子さんであればパズルなどは結構集中してやってくれます。パズルは達成感があって楽しいからです。

しかし親御さんはそんなお子さんの姿を見て、すぐもっと高度なレベルのものをやらせようとしてしまいます。6ピースできるようになったのなら次は8ピース、その次は10ピースまで！　と、どんどん難しいものに挑戦させようとします。せっかくお子さんが6ピースのパズルができるようになって達成感を味わっていたのに、どんどん難しくされてしまう。

達成感を大切にするのであれば、６ピースができたときに「できた！」「えー！　もうできたの？」と、まずほめてあげることです。

お子さんはほめられることで大きな達成感を得ます。そうなれば「じゃあ、８ピースも10ピースもできる！　やってみよう」と自分から思うようになります。

ですから、お子さんが難しいものができるようになっても、次にやるときは、また少し簡単なものにあえてもどって、まず「できる」を感じさせてあげるようにすることも必要です。

これは足し算や引き算でも同じです。できたからといって、もっと難しいものへとあわててレベルアップしようとしないことです。「できる」という達成感を十分に味わわせることが大切です。

お子さんがやる気のないときこそ、簡単な問題で「やった！」「そのとおり！」といった形でほめながら、達成感を思い出させる。そのうえで「じゃあ、これできる？」とちょっと勉強するきっかけを作ってあげる。お子さんは、「これも答えられた！」「これもできた！」という繰り返しの中で、少しずつ自分から集中できるようになっていきます。

欲張らず、次につなげる

ここで注意したいのは、お子さんに「もっと集中させよう」と急《せ》かさないことです。むしろ、「これだけできたから、今日はもう終わろうか」と、終わるきっかけを作ってあげるのも親御さんの仕事です。そうすることによって、お子さんは「もう終わりか！　これだけでいいんだ！　これだけで終わるんだったら、次もまたやろう！」という気持ちになります。

逆に1時間集中できたんだからと欲張って、「あと30分がんばろう！」となると、お子さんはとてもつらさを感じます。「えーっ、1時間で終わると思っていたのに」と思うわけです。

「もうちょっとしたかった」くらいで終わらせることを繰り返してあげることで、お子さんは勉強をもっとしたいという気持ちになります。そういう環境を作ってあげることがとても大切です。

ときにはお子さんのほうから「お母さん、もうちょっとやりたい！　ここまでやりたい！」と言ってくることもあります。そのときは「すごい！　そこまでやる？」とほめてあげましょう。そうすれば、またお子さんも「できる、できる」と前に進みたがります。

途中でちょっとしんどくなっても、自分で「できる」と言ったからもうちょっとやってみようとがんばってくれます。そのときは、また思い切りほめてあげましょう。

「花丸！」のシールを貼って、形に見えるようにほめてあげるのもよいかもしれません。

後ろ向きの理由は子どもに通じない

勉強を自らしたくなる環境作りとともに大切なのが、子どものマインド作りです。

これは、「なぜ子どもは勉強すべきなのか」という子どもの教育の根本的な部分でもあります。

お子さんからも必ずこうした質問をされるときが来ます。「なんで僕は（私は）そんなに勉強しなくてはいけないの？」と。

実はこの質問に答えるためには、まず親御さん自身に相当の自信が必要です。親がよいと思っていないことは、子どもにさせることも、信じてもらうことも相当に難しい。まず、これが前提です。

さて皆さんは、どうお答えになるでしょう？

もちろん、これは人それぞれ違って当たり前です。

最もまずい答えは、「勉強しておかないとなんか将来不安だからやっとけ！」というものです。親御さんもなぜ勉強したほうがいいのかを理解していないのに、とにかく勉強しておきなさいというものです。

あるいは「お母さんみたいになってはいけないから！　勉強しなさい！」「お父さんみたいにならないように勉強しなさい！」という言い方もよくありません。

しかし私の知る限り、こう答えてしまう親御さんが非常に多いのも現実です。

しかし、これらの答えにはまったく説得力がありません。

親御さんは自分は勉強しなかったから失敗した、お子さんにはそうなってほしくないと言いたいのですが、うまくいかなかったのは勉強しなかったせいかどうかはわかりません。他のことに原因があったかもしれない。だいたい、勉強しなくても社会で活躍している人はいっぱいいるわけですから、それだけが理由ではないはずです。

社会でうまくいっていない方が、自分が思いどおりの人生を送れなかったのは勉強しなかったからに違いない。だからおまえは勉強しろ、というのはずいぶん勝手な話です。

たとえそう思っていても、お子さんには「自分が勉強してよかったから、あなたもしなさい！」と言うようにしましょう。よかったものを紹介する気持ちが必要です。

幼児教室ひまわりでも、お子さんを医者にしたお母さんが実際に講義をしています。世間で実践されているものとは異なる方法を行ってみたらよい結果が得られたので、こうしてくださいと伝えています。つまり、成功する確率が高い方法をお伝えしているのです。

仮に講師が「私は自分の子どもを医者にすることができなかったから、これはしないでください！」とお伝えしたとしたら、皆さんも困惑されるはずです。「これはいけないことです、これはしないでください」というのは説得力がありません。

自信を持った子どもは、自ら勉強するようになる

小さなころは遊びも勉強です。そして遊びの延長線上に、勉強があります。

例えば落書きをしているうちにきれいな線が描けるようになります。ぜんぜん線が描けない、丸が描けない状態から始まって、落書きを繰り返すことできれいな丸が描けるようになり、縦線、横線も描けるようになります。つまり遊びである落書きも、勉強につながっているのです。

なぜ子どもは勉強しなくてはならないか、これも同じことです。

例えば、よい点をとるためとか、将来、生活に困らないような仕事に就くためとか、学歴社会だから、などと言っても、子どもにはわかりません。

よく皆さんは「あなたのために言ってるのよ」「あなたのためなのよ！」とお子さんに言われると思います。親御さんは、お子さんが将来何かになりたいと思ったときに、それ

を目指せる力をつけておいてあげたい。そんな気持ちで「あなたのため」と言っています。しかしこれは、お子さんにとってはぜんぜん理解できないことです。「お母さん、そのとおり！　私のために怒ってくれてるんだね」などと思ってくれることはまずありません。たぶん逆に「自分のためというのだったら僕は遊ぶ。将来のことなんてぜんぜん気にならないから、今は遊んで楽しみたい。好きにさせて！」といった言葉が返ってくるかもしれません。

「将来のため」といったことをお子さんに理解させ、勉強の動機づけにするのはやめましょう。それより大切なのは、まず机に向かう習慣づけを行うことです。

理屈で勉強させるのではなく、まず勉強するために机に向かう習慣を作ってあげる。小さいころから、たとえ10分でも15分でもよいから、集中する時間を作ってあげる。

それによって、お子さんは自然と机に向かうのが苦ではなくなります。

小さいときにこうした机に向かう習慣づけを実践し、小学生になって、さらに勉強する習慣づけをしていくと、お子さんは自然に予習をするようになります。予習をすれば、その問題は学校に行ってパッとできる。そして、「私はできる！」と自分に自信を持つようになります。

そうすればもっとやろうかな、という気持ちになります。やればやるほどできる。その良い循環ができてくるわけです。

そういうときにこそ「がんばってる、すごいね」とほめてあげます。勉強すれば、できるようになってうれしい。その気持ちを親御さんの言葉でさらに増幅してあげるのです。

ですから「勉強すべきなんだよ！」「こういう理由で勉強しなきゃいけないんだよ」ということをわざわざ言葉で伝える必要はありません。

習慣をつけることで自信を持ったお子さんは、やる気が出て（個人差はありますが）自ら勉強するようになっていきます。

そして、やる気は成功体験でさらに育っていきます。例えば友だちに勉強を教えてあげるなど、学んだことを人に教えることができる力を持つことももちろん自信につながります。

ですから小さいころから机に向かう習慣づけを、少しずつでもしておいてあげる。これがすべての始まりだと思います。

勉強にはどんな意味があるのか？

なぜ勉強しなければならないのか？

親御さんにすれば、「子どもが将来どんな職業に就くにせよ、それを極めていくためには知識がないと何もできない。だから勉強が必要なんだ」という思いもあると思います。

ただ私も若いころ、学校の勉強に対して疑問を持ったことがありました。中学、高校時代です。私は当時から、はっきりと医者になりたいと思っていました。そう思っていた私は、理科の化学式や物理の法則、数学の微分積分なんて必要ないと感じていました。なぜ自分は医学部に行くのに、こんな勉強をしないといけないのかと。医者になってもいらない知識じゃないかと。そんなふうに感じていました。

将来の仕事に関係のない知識ですから、疑問を感じても不思議ではないでしょう。

しかし現在は違う考えに至っています。私は勉強することの意味を、次のように考えています。

勉強は「知識の使い方」を学ぶこと。だから意味がある。

生きていく、成長していくためには知識だけでは不十分で、その知識をどういうふうに使っていくのかが大切です。勉強とは、まさにこの部分を学ばせてくれるものだと思っています。

知識を得る。そして、その知識を使ってテストで得点をとる。

これを総合的に、つまり自分の将来に一見関係ないと思われる分野においてもやっていくことによって、初めて社会でも自分の能力を生かしていけるようになります。

問題を解くということは知識を身につけるだけでなく、知識を使うということです。

公式を覚えただけでは、問題は解けません。公式を使ってどうやって問題を解いていくのかが大切なのです。

将来、社会の中で生きていくためには何を学んできたかも大切ですが、むしろその知識の使い方が重要になってきます。

その知識の使い方を学ぶために勉強するのです。

知識がなければ考えることはできない

先ほども少し触れましたが、学ぶ、勉強するということの意味にはもうひとつ大切なことがあります。それは知識があってこそ自分の頭で考えていくことができるという点です。基本的な知識がないと思考にはつながりません。基本的な知識があってはじめて、それを土台にして思考すること、自分の頭で考えることができるようになります。

いくらよい大学を出たからといって、希望の職業に就けるとは限りませんし、会社に入れば将来も安定するとは限りません。社会では「考えて行動する」ということがとても大切になってきます。

今後、日本は格差社会がさらに進んでいき、貧富の差も広がっていきます。そうなったとき、基本的な知識はもちろんですが、それを土台にして考える力、つまり「思考力」がないと生きていけません。その思考力をつけるためにも勉強は外せないツールのひとつです。思考力のほとんどは勉強によって身につくからです。

勉強をし、知識を得て、思考力を身につけ、自分で考えられるようになる。

さらに勉強する習慣を身につけることで、成功体験が積み重なり自信を持つ。

これは将来強く生きていくためにも、欠かすことができないものです。

勉強は、お子さんが社会で活躍していくための予行練習としての意味も大きいのです。

好きなことをさせながら、勉強にも生かす方法

よく子どもには、好きなことをさせるべきだといいます。

子どもは興味を持ったことを、とことん突き詰めていきます。親御さんはそれをどんどんサポートしてあげるべきです。

しかし一方で、お子さんが興味を持ったことが、親御さんの望んでないことだったりすることもあります。そんな場合、どうすればよいのでしょう。

例えばお子さんが、昆虫にものすごく興味がある。そして、将来は昆虫学者になりたいと思っているとしましょう。

本書を読まれている方の多くは、お子さんを医者にしたいと考えている方だと思います。しかしお子さんが大好きなのは昆虫。親御さんとしては、昆虫学者になりたいと言われても、なかなか食べていくのは難しいように思える。

あるいはお子さんが何かの任侠《にんきょう》ドラマをテレビなどで見て憧れ、「こうなりたい！」と言い出すこともあるかもしれません。親御さんとしては当然そうなってほしくないわけです。

こんなふうにお子さんが、親御さんが好ましいと思わないことに対して興味を持ち、そこを突き詰めていこうとした場合、親御さんはそれに対しどのようにしていけばいいのでしょうか。

まずひとつ言えるのは、お子さんが好きなことと、親御さんがやらせたいことが一致しているということはまずあり得ないということです。これを理解する必要があります。

ですから親御さんが望んでいない遊びをしていたとしても、親御さんはそれにしっかり付き合うことが大切です。

お子さんは親御さんとの遊びの時間が楽しければ楽しいほど、親御さんの望むことにも付き合ってくれるようになります。

お子さんの好きなことを我慢させて、「お母さんとこれをしましょうね」と無理やりやらせても嫌がるだけです。もし言われるがままにやっていても、頭の中は別のところに飛んでいて、実はまったく身につかない状態のはずです。

例えば親御さんが数を教えたい、数のゲーム遊びをさせたいと思っても、ミニカーばかりに興味を持って遊んでいる。そこで、無理やり数のゲームをやらせても上の空。そんなケースが多いでしょう。

私はこういうときには、精いっぱいミニカー遊びを一緒に楽しむことが正解だと思います。その中で、数の話を自然に入れていくのです。

例えば青い車がスーパーの駐車場に入ってきたとします。「青い車が2台入ってきたね。そこにお母さんの赤い車が1台入りました～。合わせたら何台になったかな？」と一緒に車の数を数えます。

「お母さん、お洋服買いたいんだけども、このスーパーにはないから出ます」

「１台出ましたー」

「３台あったけど、１台出たから何台になった？」

こうするとお子さんはもう、「１、２……」と一生懸命数えます。遊びの中で楽しみながらも、「２＋１＝３」「３－１＝２」と集中して計算しています。

このようにお子さんが好きな遊びの中で、親御さんが教えたい、親御さんが望んでいる、やりたいことに取り込んでいけばいいのです。

お子さんの好きなことと、親御さんが望んでいることが一致すれば、お子さんも楽しいし、親御さんもイライラしないで済むことになります。

こうしたことの積み重ねでお子さんは自然と数やひらがな、カタカナに触れて、次第に理解していきます。そして、わかると楽しいからもっと学ぼうとするという好循環が始まります。

好きなことならどんどん集中してくれる

先ほど、昆虫に興味を持ったお子さんのことを例にしました。

実は幼児教室ひまわりの講師をされている大平先生のご家庭がまさにそうでした。

お母さん方で虫が得意という方はなかなかいないと思うのですが、大平先生もその例にもれず虫が大嫌いでした。しかし、お子さんは孵化《ふか》したカブトムシを「かわいい！」と当たり前のように触っている。家の中は虫かごだらけ。家の外と家の中、玄関も虫かごでいっぱいでした。

しかし大平先生は、それを止めることはせず、好きなようにさせていました。

すると、お子さんは自分でどんどん興味の幅を広げていきます。

初めは目の前にある昆虫だけに興味を持っていたのが、次第に「この昆虫は何を食べるんだろう？」「どういうふうに育てるんだろう？」と興味を持つようになります。

お子さんの疑問に対して「お母さんも知らない」と言ったら、お子さんが自分で図鑑を一生懸命調べて、夜中に起きて、ゼリーの入っているケースに昆虫を入れ替えてみたり、自分でいろんなことを考えて行動するようになったといいます。

好きなことに興味を持ち、それを深めていくことによって、他のことにも興味を持って、自分自身で関心を持つ対象を広げていくのです。

昆虫を見ていたとしても、それをきっかけに昆虫のことが書かれた本を自分から読み出すかもしれませんし、そこから「食べる」ということについて、興味を持つかもしれません。昆虫のおかげで本を読む、調べるという習慣が身につくかもしれません。親御さんがちょっと余裕を持って見てあげることで、徐々に変わってくるのです。

本当にお子さんがやりたいことをある程度残してあげながら、勉強をセットにする。あるいは興味が広がっていくのを待つ。これが大事なことだと思います。

ゲームはルールをつくって

お子さんが大きくなって、小学生くらいになってくると、ゲームの問題に必ず行き当たることになります。ゲームばかりやっている。これも親御さんの望まないことにお子さんが熱中してしまうひとつの例でしょう。

「勉強しないでゲームばかりして！」と全部取り上げると反発してしまう可能性もあります。そもそも100％ゲームが悪い影響を与える、というものでもありません。

最近あるお医者さんからお話を聞いたのですが、今の若い研修医は、医療の現場に導入されるようになった遠隔操作が非常に得意だそうです。ゲームをしているせいで、ブレが少なく、手の感覚もとてもよく、のみ込みが早い。

ゲームがよいか悪いかは、親御さんの価値基準だけでは、判断できません。親御さんが望んでいないことでも、それが将来どのようにつながり、役立つかわからない部分があります。そういうことも見越したうえで、完全にシャットアウトするのではなく、与えてあげることも必要であると思います。

全面的に許して際限なくゲームをやらせてあげるのではなく、時間を決めます。

勉強をここまでやったら1時間ゲームをしていい、といった形で、お子さんの好きなことを勉強とセットにします。

勉強を2時間したら、ゲームを1時間やってもいいといったルールを作ったとしましょう。勉強時間の半分の時間だけゲームができるわけですから、ゲームの時間の倍、勉強しなくてはなりません。つまり、2時間ゲームがやりたかったら4時間勉強することになります。

このように、お子さんが前向きになれるような、約束を守っていける方向に持っていくと、勉強とゲームの両立も可能だと思います。

親がやらせたいことを子どもがしてくれない

親が子どもにやらせたいことといえば、やはり勉強ということになるでしょう。しかし親の気持ちとは裏腹に、子どもはなかなか勉強してくれません。

自分が興味のあることばかりに集中してしまい、学習になかなか意識が向きません。そうした場合、どうすればいいのでしょうか。

3歳くらいまででしたら、親御さんが一緒に楽しく遊んであげればお子さんは自然に寄ってきます。あれをやらせたい、これをやらせたいと思うのであれば、その遊びを親御さんが一生懸命、楽しそうにしていれば、すぐにお子さんは寄ってきて一緒に熱中します。

しかしこれが3歳を過ぎるころになると、親御さんがこのプリントをやらせたい、この問題をちょっとやらせたいなと思っても、なかなか一筋縄ではいきません。

それでも親御さんが一生懸命プリントに向かっていたら、「それ、なあに？」とお子さんはたいがい近づいてきます。しかし、やっていることが難しそうと思ったら、すぐに興味をなくして向こうに行ってしまうかもしれません。この時期を過ぎると、お子さん自身のやる気を引き出すことが必要になってきます。

では、どうやってやる気を引き出すのか。それには、目標を持たせるのが一番です。それも中学受験などといった遠い先の目標ではなく、身近な目標が有効です。例えば小学生であれば、何かのテストで満点をとりたいとか、ドリルを最後までやろうとか、あるいは1週間でドリルをどれだけ進めようといった、目の前の目標がとても有効です。

そしてその目標は、高い目標ではなく、ちょっとがんばれば達成できそうなものに絞ります。

お子さんが、「できなかった」「難しい」と感じるほどの目標では達成感を得ることができません。お子さんが無理なくできて、達成感を得られるような目標を持たせてあげることがまず大切です。

親御さんと一緒に立てた目標であっても、「自分で立てた目標」として認識させ、それを達成するまでがんばれたときにはお子さん自身、必ず達成感を味わうことになります。

そこで親として忘れてはいけないのは、そのときに、しっかりほめてあげることです。お子さんに勉強を楽しいな、どんどんやりたいなと思わせるには、やっぱりやってよかった、がんばってよかったとお子さん自身に思わせることが何よりも大切です。

親御さんがほめることによって、お子さんのやる気を引き出して、「次もがんばろう」と思う気持ちを育てていくことができます。その結果、お子さんにとって勉強はつらいだけのものではなく、「がんばると楽しいもの」になっていきます。

少しがんばれば達成可能な目標を立てること。そして、達成できたらほめてあげること。この2つを実行することで、お子さんは勉強が大好きになり、自ら行うようになります。

幼児期に勉強を習慣化させるためには、どうしたらいいか？

幼児期から勉強を習慣化する方法について考えてみましょう。

幼児期の子どもは新しいことをするのが大好きです。赤ちゃんは、いろいろなものをつかもうとします。これも新しいことをしたいという、生まれたばかりの人間の本質です。

お子さんに学ぶ習慣をつけさせることにおいても、この、「新しいことをしたい」という欲求を上手に生かしてあげることが大事です。

学ぶということは、ひとりで座って何かに取り組むということです。ですから座って新しいことをする。それがすごく楽しい。この状態を作ってあげることが大切です。

例えばジグソーパズルや折り紙を与えておきます。その折り紙の折り方を、親御さんが横で教えるのではなく、字が読めるなら、自分で本を見てやらせてみるのです。

粘土でもなんでもかまいません。熱中して、そこにきちんと座って1時間過ごすというのが一番大事だと思います。

そして、そのいろいろな新しい、楽しい手仕事の中のひとつにドリルが混ざっている。好きなときにドリルができる。こういう状態を作っておくことで、自由に粘土やパズルと同じようにドリルをやるようになります。このように、好奇心の先に学ぶことができる環境を用意しておくことが大切なのです。


また小さいころから、勉強することを「常識」にする、ということも有効な方法です。

「お父さんは外に出て仕事をしている」

「お母さんは、あなたたちのお世話をしている」

そして「子どもは勉強をする」

何のために勉強するとかではなく、勉強するのが、あなたの仕事だと小さいころからずっと言い聞かせる。そうすることでお子さんは家で勉強するのが当たり前、特別なことではないという感じ方をするようになります。

こうした習慣化を続けていくと、小学校に上がるくらいになると、勉強と遊びがセットの生活リズムができてきます。

宿題、課題、遊びをセットに習慣化

幼児教室ひまわりの講師、上田尚子先生は、学校の宿題、母親からの課題、そして遊びをセットにしてお子さんたちの勉強を習慣化していたそうです。

学校から帰ってきたら学校の宿題と、お母さんからの課題を行うと決めました。上田先生が1週間分の課題を決めて、とにかく学校から帰ってきて宿題と課題を終わらせる。そして、そのあとは自由に遊べる。これを生活のリズムにしました。

母親が作る課題で大切なのは、量だと上田先生は言います。これがすごく大事で、多すぎると子どもは嫌になってしまう。さっさと終えられて、あとまだちょっとできるなというくらいの量にしていくことがコツとのこと。なので、だいたい15分くらいで終わるような量を目安としていたそうです。

そうすることで、必ずできるし、毎日やっても苦になりません。そして様子を見ながら少しずつ量を増やしていく。最初は少なめから行って、徐々に量を増やしていくわけです。

さらに毎日の課題は表にして、その日に何をするのかも決めておきます。そして、それをチェックすることを日常の習慣にしたと上田先生は言います。

課題としてやらせていたのは主に問題集。算数と国語が中心で、算数だったら1日に百マス計算1ページといった具合です。できるようになってきたら、徐々にレベルを上げ、ページ数を増やしていきます。

毎日やる部分にフセンを貼り、机の左側に置いておく。終わったら机の右側へ移動する。これで終了です。お子さんは目の前に今日やる量が見えていると、どんどん左から右へ消化させていくので、終わったということもわかりやすい。こうしたちょっとした工夫で、お子さんの習慣化を助けていくのです。

お子さんの勉強を習慣化するための動機づけをする方法として、上田先生は、勉強への習慣をお祝いのきっかけにしたそうです。

お子さんの毎日の勉強を表にして、きちんとやった日には○をつけていきました。そして○が目標までたまったら、家族全員でお祝いし、おいしいものを食べるようにしたのです。そして食べるときに「○○ちゃんのおかげで、みんなでおいしいものが食べられる！」と本人に感謝をしました。

お子さんは感謝されるのがうれしくて、また毎日勉強をがんばる。こうした前向きの、みんながハッピーになるような動機づけも、とても有効だと思います。

子どもを医師にしたいと思ったら

私の教室は、わが子をお医者さんにすることをゴールにしています。

ただ、このお医者さんを目指すという夢に向かっていく行程は、お子さんの生きる力そのものを育てていくことにもなると考えています。

もしお子さんがお医者さんにならなかったとしても、社会でこんなふうに活躍したいとか、世界をまたにかけて自分の仕事をしたいといった夢を、お子さん自身がきちんと追いかけることができる力を身につけることにつながっていきます。

ただ、あくまでも第一の目的はわが子をお医者さんにすることです。

では、お子さんが自分でお医者さんになりたいと思うようになるためには、どうすればよいのでしょうか？


幼児教室ひまわりの講師、藤井先生の娘さんは、現在お医者さんをされています。

藤井先生はお子さんが自分でお医者さんになりたいと思うようになるために、お医者さんという仕事に通じる具体的なきっかけを作ってあげた、と言います。

そこで、医療モノのドラマを観せたり、ということは多くの親御さんが思いつくことです。藤井先生の場合、もう一歩進んで、お医者さんという仕事はどのようなものなのかをお子さんに見せる機会を作りました。

お子さんが風邪などをひいたとき、病院に一緒に出かけます。

そのとき、ドクターとコミュニケーションをとって仲よくなる。するとドクターもお子さんに話しかけてくれたり、撮影したお子さんの検査画像を詳しく見せたりして、お子さんにお医者さんの仕事の一端を見せてくれるようになります。

そうすることで、お子さんのお医者さんに対する興味の持ち方が、まったく変わったと言います。

そして、風邪とはどんな病気なのか。人間はなぜ病気になるのか。それを治す仕事はどのようなものなのか。単にドラマだけでなく、実際に目の前で話しかけてくれたドクターの知識や頼りになる姿を見て、興味をどんどん広げていったと言います。

実際、一言でお医者さんといいますが、お医者さんの仕事はとても幅が広いものです。

その中のひとつからでも興味を広げてくれれば、お医者さんになりたいという気持ちはどんどん育っていくと私も考えます。

医者という仕事を分解してみる

お医者さんの仕事には、本当に多くの要素があります。命について。治療について。病気について。人間の細胞や体について。内臓について。本当にどれを学んでもよいし、どこから入っていってもお医者さんという仕事につながっていきます。

例えば動物を飼って、その動物が亡くなって、命ということについて初めて考える。こうしたことからお医者さんへの道が始まることもあります。

もちろん自分が病気にかかって、それを治してくれたお医者さんの姿を見て、私もお医者さんになりたいと思うこともあるでしょうし、おじいちゃんが病気になったときにそう思うこともあります。いろんな動機が世の中には存在しています。

大切なのは、お医者さんを、ただお医者さんとして捉えるのではなく、どういう仕事なのか、分解してキーワードを出してみることです。

底力をつけ、お医者さんの世界を知ること

医者になるためにまず最初に必要なことは、お子さん自身が医者になりたいと思うことです。しかし、こうした夢を持つことができたとしても、やはりその夢を実現するためには、当然のことですが、力が必要です。

逆のことを申し上げるようですが、そもそも力がなければ医者になりたいという夢も浮かんできません。力があると「私は（僕は）こういう力があるんだから、医者になるためにがんばってみよう」という目標も持てるようになります。

つまり夢と力を同時に持っていなければ何も実現しないということです。むしろ力のほうが少し先に必要かもしれません。

大切なのは、お子さんがお医者さんになるための底力を作ってあげるということです。

つまり医者になりたいという目標を作ってから、勉強させるというのではなく、自然と

医者になりたいという目標を持つ前段階として、お医者さんになれる学力をつけさせることが大事だということです。

さらにもうひとつ。先ほどお医者さんの仕事を分解してきちんと理解させようと申し上げましたが、まず親御さんがお医者さんの仕事について知るということが大切です。

先ほど申し上げた通り、親御さんの側もお医者さんの仕事にはどのような要素があるのかを知識としてぜひ身につけておいてほしいと思います。

例えば将来、お子さんに英語ができるようになってほしければ、英語ができたらどんなよいことがあるのかを親御さんは知っておく必要がありますし、英語圏の国についての基本的な知識も知っておく必要があるでしょう。

親御さんのこうした努力によって、お子さんの世界を開いておく、ということです。

POINT

子どもが自分から勉強するために

「勉強を習慣化するために」

- 前向きに学ぼうとする親御さんの姿勢を見て、子どもはそれを真似する
- まずは親が楽しんでいる様子を見せるのが第一歩
- 欲を出さず、簡単な課題で達成感を与える
- ちょっと物足りないくらいで次につなげる

「なぜ子どもは勉強すべきなのか」

- 理由を伝えて勉強させるより、学習習慣をつけさせて成功体験を与えるのが近道
- 勉強をとおして社会を生き抜いていく「知識の使い方」と「思考力」を培うことができる

「子どもに好きなことをどのくらいさせる?」

- 子どもがやりたいことを一緒に楽しみながら、その中で自然と数や言葉などを学ばせる
- 好きなことへの興味を深めていくことで、関心を持つ対象が広がるので、ある程度見守ってあげる
- 遊びと勉強の時間をセットで決めて、学ぶことを習慣化する

「自分から夢を描き、それを目指す」

- 何かを目指すのであれば、あらゆる角度からアプローチしていく
- 医者になろうという目標でも、どこに入り口があるかはわからない
- 勉強という底力を身につけてこそ、夢を持つことができる
- 医者を目指すのであれば、親が医者の世界をある程度知っておくことが大切
- 親が子どもの世界を開いておく(医者でなくともこれは同じ)

第6章

子どもが挫折しそうになったときに知っておくべきこと

高い目標を目指そうとすると、
どうしても挫折しそうになるときがあります。
そのとき子どもは、自分はダメなんじゃないか、
自分は向いていないんじゃないかなと
思ってしまうこともあります。
難しい目標に向かっていくとき、
必ず訪れるであろう挫折しそうな場面に、
どんなふうに向き合っていくのか。
親の言葉ひとつで、子どもが困難を前にしても
きちんと継続できるかどうかが決まります。

まず、必要なのは共感すること

例えば塾の成績が思うように上がらない。模擬試験の結果がD判定になってしまったときなど、お子さんが「無理なんじゃないか」「勉強に向いていないんじゃないか」と思うこともあるでしょう。

そのときに親御さんが「もうあきらめなさい！」などと言えば、お子さんは実に簡単に挫折してしまいます。もちろんそんな言葉は言ってはいけません。これは基本です。

そのうえで、お子さんを挫折させないためには、まず「共感する」ことが大切です。

例えば親御さんは、模擬試験の結果がD判定であっても、そこまでがんばってきたお子さんの姿を知っています。ですから「今回は残念だったけど、すごくがんばっていたよね。お母さん、わかってるよ」とまず認めて共感します。

これは身近にいる親御さんにしかできないことです。そのうえで「じゃあ、一緒にがんばろうよ！」と伝える。ここまでが立ち直らせるために必要な共感の部分です。

そしてここから先、もう一度勉強に向かわせるために必要なのが「達成感」です。

子どもは達成感を感じないと勉強する気が起こりません。ですからよかったときの記憶を呼び起こしてあげることが必要です。

例えば「前はこうしたらよくなったよね」といった言葉で、成功体験を思い出させてあげます。そのうえで、「今度はこうしたらいいと思うよ」とよかったときの記憶を今後の勉強につなげてあげます。そうすることによって「あ、そうか。僕は（私は）あのときがんばったんだな！　今回はがんばりが足りなかったからちょっと悪かったんだな」と考えるようになります。

がんばっていた姿を認めてあげて、「あなたは毎日がんばっていたよ」ということを言葉できちんと伝える。そのうえで、「こうしたらいいんじゃない？」「お母さんもがんばるよ。一緒にやっていこうよ！」と提案する。

そうすることでお子さんは、「お母さんは、わかってくれてるんだな」という安心感を持つことができます。それは親御さんへの信頼感にもつながり、親御さんの言葉に対して素直に反応するようになります。

そうなれば、「こうしようよ！」という言葉にも「うん、やる！」と素直に応えてくれるようにもなります。

ただ、お子さんに「共感してあげる」際には、ちょっとした注意も必要です。

例えばお子さんの努力している姿に対して「わかるわかる、私も大変だった」と、自分のやってきたことと比較して共感の気持ちを伝えるようなことは、しないでください。

お子さんが「お母さんよりもっと高いレベルのところを目指しているんだから」と、かえって反発を招くこともあるからです。自分の過去の思い出を比較の対象にしてしまうと、お子さんが冷めてしまうようなことにもなるかもしれません。

私自身も小学6年生の受験生時代、挫折しかかった時期がありました。

がんばってもなかなか成績が伸びず、模擬試験でもよい判定が出ない。ちょっと甘えた気持ちもあったのだと思います。「もういいや」という感じで投げやりになってるとき、母親は、過去の成功体験を呼び戻すような言葉をかけてくれました。

「4年生のとき1位をとれたでしょ」「公文をやっているとき、成績優秀者の集いのトロフィーもらったでしょ!」といった具合です。

あるいは「スイミングでどうしても級が上がらなかったときに、こういうことをしたでしょ。だからできたでしょ」といった内容もあったと思います。とにかく勉強に限らず、自分の力で物事を達成できたことを思い出させてくれました。そうすることで、もう一度自信を取り戻すことができたわけです。

ただ過去に成功体験を持っていない子どもの場合、この方法がとれません。

つまり、親御さんが意識しなければならないのは、お子さんに成功体験をたくさん積ませておくことです。

一方で、挫折以前に、悪い点をとっても気にならないお子さんもいます。「あ、こんな点とっちゃった!」と悪い点をとっても何も感じないのです。

そういうときは、「ま、落ち込むよりはいいか」と放っておくのではなく、どこが悪かったのか、自分でしっかり見つめて考えさせることも必要です。

親が動揺しないこと

子どもが挫折しそうになっているときの親の心構えについて、もうひとつだけお伝えしたいと思います。

それは、親御さんが動揺してはいけないということです。親御さんが常に冷静であることが、最も大切です。

ただでさえ、お子さんは何かに失敗して動揺しています。そこで親御さんまで動揺してしまったら、お子さんの不安は大きくなるばかりです。

親御さんが動揺せず、冷静であれば、目先の小さな失敗にとらわれることなく、お子さんに本来の目的を思い出させてあげることもできます。

目先のテストがちょっと悪かったといって動揺するのではなく、もっと先の目的のために、これからどうすればよいのか。次につなげて導いてあげるのが親御さんの仕事です。

これからどうやっていけばよいのかをお子さんと一緒に考えて、本来の目的を再確認できれば、達成するためには何が必要かということも、お子さんは自分で考えるようになります。

もしお子さんの状態が本当に挫折しそうな深いところにある場合は、気持ちを軽くしてあげる言葉も必要かもしれません。

例えば「一度や二度失敗したところで、命まで取られるわけじゃない」などとお子さんの心を軽くしてあげるような言葉がけも大切です。

人は多くのものを失敗や挫折から学びます。その貴重な機会を与えてもらっている。親御さんはそのくらいの気持ちを持っておくとよいのです。

実際、中学受験であれば、模擬試験の成績が一回悪かったくらいのことは、重要ではありません。たとえ中学受験に失敗して、志望校に合格できなかったからといって、人生が終わってしまうこともありません。

がんばって幸運にも志望校に合格したとしても、そこに入学してから、まわりの生徒さんがあまりにも賢すぎてついていけなくて挫折するパターンもあります。ずっと全力疾走が求められ、ちょっとでも油断したら落ちてしまうような状況が続いたら、そのお子さんにとっては相当にしんどいことでしょう。

たしかに志望校に合格することはプラスに見えますが、本当のところはわかりません。志望校に合格し、そこでの環境が厳しくて挫折してしまうより、ワンランク落としたほうが多くの成功体験を味わえ、自信が芽生え、将来につながっていくかもしれないのです。

本来の目的は中学受験に成功することではなく、もっと先にあります。親御さんが冷静にこの大切な事実をぶれることなく認識していれば、目先の失敗で動揺することもなくなるでしょう。

もちろん、志望校には合格させてあげたい。しかし、長い目で見ればそれだけが成功ということではない。そのように理解しておくことが大切です。

ましてや、目先の1回のテストなど、どうということもありません。テストの成績がよかったからといって油断してしまって、中学受験の本番で失敗してしまうかもしれません。

逆に悪かったから、「よしがんばる！」という気持ちになって、最終的に良い結果に結びつけられるかもしれません。

何がどう作用するかわからないのですから、目先のことに親御さんが動揺してはいけないということです。トータルの視点で、お子さんを伸ばしていく覚悟が親御さんには必要なのです。

もう一度大事なポイントを思い出してみましょう。

1つ目は、お子さんのそれまでの努力を認め、「共感」すること。

2つ目は、過去の成功体験を呼び戻して「達成感」を与え、お子さんに自信をもう一度取り戻させること。

3つ目は親御さん自身が動揺をしないということ。

この3つをしっかりと親御さんが持っておくことが、お子さんを挫折から守ってあげるポイントです。ぜひ今から意識していただければと思います。

子どもの学習計画を立てる際の工夫

親御さんは、わが子の個性を見抜いて、やる気を引き出してあげなければなりません。それも小さいころから、導いていく必要があります。この基本ができていてこそ、学習計画を立てていくことも可能となります。

お子さん自身のやる気を引き出すために、1つ目に必要なのは、これまでも触れてきましたが、お子さんに自信を持たせることです。

そのためには達成感を日々感じさせることが大切です。例えば昨日できなかったことが、少しでも今日できるようになったら、「昨日までできなかったことができたね。それってすごいことなんだよ」「えらいねー、すごいねー」と感動してあげます。

親が感動してくれたら、子どもはこの上ない幸せを感じるものです。それが次またがんばろうという、やる気につながります。

そして、ほめられたという一つひとつの出来事が達成感をもたらし、「お母さんがこれだけほめてくれるのだから、僕は（私は）すごいんだ」とお子さんの心に自信をつけていくことにもつながります。

そして「すごいんだ！　だったらやらなければいけない！　自分はできるんだから」と自然に思わせるようにしていく。それを小さいころから繰り返していくと、大きくなっても「やる気」が継続されることになります。

２つ目に大切なのは、お子さんに（そしてご自身にも）毎日の無理なノルマを作らないことです。できたところまでをしっかり認めてあげて、ほめて育てることです。

余裕のある計画を立てて、一日、一日達成感を得ることができるようにしてあげることが大切です。

例えばひとつのことを2週間継続できたら、じゃあもうひとつ追加してできるかな、というくらい、本当に少しずつ少しずつ、常に達成感を得られるように課題を増やしていくようにしましょう。

これは実際に学習計画を立てていく際にも同様です。例えば小学生になると手帳に自分の学習計画を書くようになります。その際も、できれば親御さんが少しだけ計画作成に加わって、決して無理な内容にならないように気をつけて見てあげます。

子どもは、ほめられたいという気持ちが働いて、ともすれば無理な計画を立ててしまうことがあります。しかし、高すぎる目標では決して達成感は得られません。そして少しでも満足にできなかったら、「今日はできなかった」「この日もできなかった」と達成感を得られない毎日が続き、次第にモチベーションが下がってしまいます。

そうではなく、例えば学校から帰ってきて、パッと集中すればすぐにやれてしまいそうな計画を一緒に立ててあげるのです。

親御さんは、「できたね！」と花丸を手帳に描いてその成果を目で見えるようにしてあげましょう。お子さんは花丸印ばかり増えていくので、「お母さん、もうちょっと勉強増やして」というふうに自ら言ってくれるようになります。

親御さんはあえて「そんなにたくさん無理じゃない？」などと言ってあげるのもよいか

もしれません。そう言いながら少しだけ量を増やしてあげます。するとお子さんは「こんなに絶対できないよー」などと言いながら、やってのける。その繰り返しで学習量が少しずつ、少しずつ増えていきます。

この際、ストップウォッチなどを使ってゲーム的な要素を入れてみるのも効果がありす。計ってみようか、競争してみようかというゲーム感覚で簡単な計算を5分から10分でやってみる。そのくらいの限られた時間なら、お子さんはギュッと集中し、成果も上がります。これも達成感を味わわせる有効な手段だと思います。

繰り返しますが、子どもは達成感を得なければ、次もやろうとしてくれません。ですから毎日毎日達成感を得ることができること。それさえできれば、お子さんは自分自身で一日にやる学習量を増やしていきます。

実際、幼児教室ひまわりの講師、大平先生は、この方法でお子さん2人を京大医学部と阪大医学部に合格させました。

先取りをするという意識

学習計画を立てるにあたって大切なことをもうひとつ。それは「先取りをする」という意識です。

例えば幼稚園から小学校に上がるとき。世間では幼稚園や保育園では、文字を無理やり教えてはいけないというような風潮がまだまだ存在しています。

しかし将来を見据えるのであれば、あえてそれを守るのではなく、小学校に上がる前に文字が最低限、読んで書けるようにしておくことも大切だと私は考えています。

それはなぜか。例えば小学校に入ると、いきなり「名前を書きましょう」などと言われることがあります。すると、やはり書けないお子さんがいる。しかし、一方で書けるお子さんもいます。

習っていないのですから、書けないお子さんがいるのは仕方がありません。しかしそれでも、書けるお子さんがいる中で自分が書けていなかったら、どうしても劣等感を覚えてしまいます。

その反対で、「自分は書ける、自分はまわりよりできる」という達成感を味わったお子さんは、意識が高くなります。できるという意識を持てば、当然勉強に対する意識も高くなります。

この差は本当に大きいと思います。

どんな声がけをすればいいか？

勉強の量や習い事の数が多くなってくると、精神的にも体力的にも、お子さんがつらくなってくることがあります。そんなとき、親御さんはどのような声がけをすればいいでしょうか。

特に3歳から6歳くらいの間では、習い事が徐々に増えてきて、勉強の量も多くなってきます。そういうときに親は、どうケアしていくのが正しいのでしょうか。

まずやってはいけないのが、「もっとがんばろう！」「〇〇ちゃんだったらできるよ！」といった言葉をかけることです。

こうした言葉は精神的、体力的につらさを感じて、ときに伸び悩んでいるようなお子さんをかえって追い詰めてしまいます。

そこでぜひ意識してほしいのは、お子さんがモチベーションを保っていけるような声がけをすることです。

勉強の量が多くなってつらそうな様子が見えたら、

「大丈夫」

「ゆっくりでいいから」

「少し休んでみたら？」

といった言葉です。

そして一度に全部やらせてしまおうと思わずに、量が多いなら小分けして、少しずつ進めていったらどうかといったアドバイスも有効でしょう。

目の前にたくさんの量があるとお子さんが感じてしまうと、それだけで圧倒され、心が折れてしまうということもあります。小分けにするのは、集中力の問題だけでなく、分量に圧倒されないようにするためでもあります。

例えば今日は10のことをやらなければいけない。でもその量にお子さんが圧倒されている。そんなときは、例えばまず３割だけやって、リフレッシュしてまた３割やる。その後、残りの４割をしないといけないけど、もう疲れ切ってしまってどうしても４割ができない。だったら２割だけを今日やって、２割は明日、お母さんとがんばってやる。そんな考え方で、がんばれる日にやってもかまわないと思います。

大切なのは「急がなくてもいいから自分のペースで伸ばしていったらいいのよ」「お母さんはいつもあなたのそばにいて力を貸すから、一緒にがんばろう」という姿勢です。

お子さんはその言葉に安心感を覚え、またがんばれるようになります。

できたことや今までがんばったことを具体的にほめてあげることは、お子さんの成功体験につながります。しかし反対にこうしたつらいときに言葉がけすることのほうが、とても意味があると思います。つらいときにこそ、そのお子さんのありのままの姿を受け入れようと意識し、目を背けないでお子さんと向き合うという姿勢を忘れないことが重要です。

つらいときは、お子さんにとって机に向かうのが本当にしんどく感じられることがあります。それでも、お子さんは親御さんを喜ばせようとか、親御さんを納得させようと思って、机に向かうこともあります。

そんなつらそうにしているお子さんの様子が見えたら、お子さんの隣に座ってよりそい、共感してあげることも大事でしょう。決してあせらず余裕を持ってお子さんに接していくことも必要です。

そのためにも、お子さんにとって常に親御さんが味方であると意識させておくことはとても大事なことです。

勉強の分量が多くてお子さんがつらそうにしているとき、もうひとつ忘れてはいけない点があります。

それは、お子さんが分量に圧倒されている理由です。単純に量だけの話ではないということです。

「うまく成績が上がらない」ということが根本の原因になっている可能性があります。

これは大人の世界でも同様です。うまく仕事で結果が出ていれば、少しくらい忙しくても、少しくらい仕事の量が多くても気になりません。逆に成績や売り上げが上がらなかったら、目の前の仕事をいつも以上につらく感じてしまうでしょう。

これと同様に、お子さんもなかなか成績が上がらなかったら、目の前の勉強がどんな分量であっても苦しく感じてしまう可能性があります。

この「成績が上がらない」ということに関しては親御さんの責任も大きいと思います。そもそもやり方が間違っている。そんな可能性もあります。

ですから、お子さんばかりを責めるのではなく、勉強の方法を変えていくことも必要かもしれません。お子さんと一緒に、親子で検証していく必要もあるでしょう。ですから、お子さんがつらそうにしていたら、お子さんだけに原因があると考えるのではなく、親御さんにも責任があるかもしれないことを常に認識しておくことも必要です。

小学校低学年から高学年までの具体的な学習計画

ここでは、進学塾に通う前の小学校低学年から塾に通う小学校高学年くらいまでの間の具体的な学習計画の立て方について、実例をご紹介したいと思います。

幼児教室ひまわりの講師をしている、柴田希世美先生が実践された学習計画です。

柴田先生は、2人の息子さんを東大に入れ、ご長男はさらに算数オリンピック1位（金メダル）を獲得されています。

柴田先生が学習計画を立てられる際に、最も大切にされたのは勉強する習慣をつけることであったといいます。

一度に長時間するよりも毎日コツコツ続けることを重視し、例えば毎朝、朝食後に百マス計算や漢字ドリル、右脳プリントの３つを必ずさせていました。夕方は百マス計算や読書をします。そして、宿題や家庭学習をすべて終えて、余った時間は自由時間といった形で割り振っていました。

つまり今日は何をして、といちいち考えるのではなく、朝はこれとこれをして、夕方はこれとこれ。そして余った時間で何ができるかという形で、シンプルに時間を割り振る形で計画を立てていました。

そして週末は先取り学習。今の学年よりも1学年、２学年上の問題にゆっくり時間をかけて取り組みます。

先取り学習で大切なのは、達成しやすい小さな目標を作ってあげることです。

例えば、算数のジャンルでは算数検定や児童数検という検定があります。柴田先生は、幼稚園のころにはお子さんに児童数検を毎回受けさせ、小学校からは算数検定を受験させ、3年生のときには6年生の単位が終わるような計画を立てられ、実際にそれを実行されました。

つまり最終的な目標から逆算して達成しやすい目標をクリアしていく形で学習計画を立

てられた。これが柴田先生の学習計画の大きな特徴です。

例えば、今の時期には何年生のこの学習をして、この時期には何年生の何をする。そのためには、何月から何をして、いつぐらいから過去問をやっていかないといけないというふうに逆算して学習計画を立ててきました。その結果、算数検定とか児童数検の合格という形となり、本人のモチベーションが常に上がっていきました。

勉強時間については、習い事がある日でも学校の宿題をしてから行くというルールを決めていたそうです。習い事から帰ってからではなく、必ず行く前に済ませます。

宿題を行う時間はだいたい30～40分。やることの優先順位をつけて、常に時計を見ながら時間配分を決めて宿題をさせていました。

子どもは放っておくとだらだら勉強してしまう傾向があるので、これはメリハリをつけるための方法でもあります。

平日の家での勉強時間はだいたい塾に行くまでの2～3時間。

そして休日は、先取り学習に加え、お父さんと一緒に本を読んだり、理科の実験をしたり、だいたい平均して4時間の勉強をしていました。

柴田先生のお話では、こうした勉強の習慣化のポイントとして大事にされていたのが、本人が嫌がらない範囲で時間を設定するということでした。

お子さんの勉強は長期戦です。ずっと続けていくことですから、結局は本人のモチベーション、気持ちの持ち方が一番大切です。

柴田先生のお子さんの場合、小さいころから習慣づけを行ってきたこともあり勉強が好きで2～3時間、多いときで4時間程度勉強していましたが、勉強が嫌にならないように、毎日しっかりやっていくことを優先して時間を設定していました。

小学校4年生以降になると、塾の成績や全国模試の結果なども出てくるようになるので、目標も作りやすくなるのですが、それ以前、小学校低学年までは、なかなか目標が作りにくいケースもあります。ここに児童数検などを設定することで、うまくお子さんのモチベーションを保つことに成功したわけです。

こうした算数の検定以外にも、ポピュラーなものとして漢字検定などもありますが、こうした小さな目標を親御さんが作ってあげることで、お子さんのモチベーションも上がりますし、達成感にもつながっていきます。

またお子さんの学習計画を考えるうえで大切なのは、親御さんが現在のお子さんの学習内容をきちんと把握しておくということです。

学習内容を把握していないと、お子さんが今、何がわかっていて何がわからないかも知ることができません。過去問をやらせるにしても、この情報がなければ課題を出してあげることもできません。

ですからお子さんの学習内容に興味を持つことが必要です。

多くの親御さんは、お子さんが小学校1年生くらいまでは、何を習っているのかを興味深く見ているのですが、それ以降は興味を失ってしまうケースが多いようです。

少なくとも3年生、4年生くらいまでは学習内容を把握するようにしましょう。

例えば、お子さんが勉強をしているときは横に一緒にいてあげる。自分の本を読んでいてもかまいません。幼児のころからこれを当たり前にやっておけば、小学校に入っても母親が横にいることをうっとうしいと思うこともありません。

横に座っているだけでも、十分にお子さんの学習内容を理解することができるようになります。

もちろんお母さんは家事や仕事などさまざまな用事を抱えています。

それでも、お子さんの勉強を見てあげてください。お子さんのそばにいてあげられる時期は今しかありません。

子育ての時間は、過ぎてしまったら戻ってきません。

こうした意識を持って、ぜひお子さんの隣にいてあげてほしいと思います。

私の医師時代のお話

私が病院に勤務していた時代、その病院には糖尿病の患者さんがたくさん来院していました。

日本では、およそ１０００万人くらいの糖尿病予備軍がいるといわれるくらい、本当に糖尿病の患者さんはたくさんいらっしゃいます。

糖尿病の患者さんは、遺伝が原因の場合もあるのですが、やはり一番多いのは、食べすぎです。摂取カロリーが高すぎて、体が太り、糖尿病になっていくというパターンです。これは2型糖尿病といいます。

そういう方は1日3000キロカロリーくらい摂取されている方が多く、そのため太って糖尿病になってしまうのですが、多くのドクターはいきなり「明日から1600キロカロリーにしてください」と指導します。

しかし私は当時からこの指導の仕方には疑問を持っていました。これまで普通の人よりも多く食べていた人が、いきなり普通の人より少ない量で満足できるかというと、それはたとえ命がかかっていようと難しい。

ですから私は、普通の人のようになりましょう、と指導していました。

そしてそれができるように定着したときに、糖尿病を改善できるような食事にするのが、ステップとしてはちょうどいいと思っていました。

こうした、いきなり摂取カロリーを普通以下に落とすという指導方法は、たしかにドクターに向けた医学のガイドラインに書いてあります。しかし、数字として正しいものであっても、それは人間の心の部分まで考えてあげたものではありません。

人は変わるのが難しい。しんどいと思ったら、続けるのもきつくなってしまうものです。これは大人でもそうなのですから、子どもも同じだ、と考えるべきでしょう。

無理のないところから始めて、少しずつ達成感を味わいながら積み重ねていくことが大切です。そうすれば必ず次に「もっとこうしたい！」と欲が出てきます。

その形を作ることで無理なく学習計画も進めていくことができるようになります。

POINT

子どもが挫折しそうになったときに知っておくべきこと

「子どもが挫折しそうになったときの対処法」

- これまでの努力を認めて共感する
- 過去の成功体験を思い出させてあげて、達成感を感じさせると、またがんばろうという気持ちになれる
- 親御さんが動揺せず、子どもを不安にさせない。目先のテストの結果だけでなく、本当の目的を再確認させ、次の戦略を一緒に考える

「子どもの学習計画を立てる際に工夫したこと」

- 子どもが達成感を得られないと継続してくれない
- 毎日のスケジュールは、少ない量で組み立てて、達成した経験を積み重ねる
- 達成感が得られると、次に欲が出てくる。この欲を通して自己実現を目指す力が養

われる

- 先取り学習をする最大のメリットは自信をつけること
- 最初に簡単なことをさせてウォーミングアップをすると勉強に対するハードルが下がり、スムーズに勉強に入れる
- 勉強の量が多くて子どもがつらそうにしていたら、「がんばれ」ではなく「ゆっくりでいい」と声をかけてあげる
- 課題の数を増やすのは2週間、様子を見てから
- つらそうにしているのは、成績が思うように上がらないなど他の原因があるかもしれない
- 勉強は一度に長時間するよりも小さな目標を作って毎日コツコツ続けることが重要
- 子どもが今何を勉強しているのかを、親も知っておく必要がある

Q&A

理想的な学習環境の作り方を教えてください

回答
●幼児教室ひまわり講師
柴田希世美 先生

・長男は灘中学、灘高等学校卒、東京大学現役合格。中学受験は灘、洛南、ラ・サール、岡山白陵、洛星の5冠達成。算数オリンピック1位（金メダル）
・次男は洛南、高砂白陵、岡山白陵、愛光中学校合格。現在東京大学理科Ⅰ類
・幼稚園教諭資格、知育玩具アドバイザー資格、育脳トレーナー資格
・兵庫県加古川市にて幼児教室、そろばん教室を15年間運営（自身もそろばん五段）

幼児期はリビング学習をさせているご家庭も多いと思いますが、わが家に関しては勉強に集中してもらうために自分の部屋を作ってあげ、そこで勉強させていました。

勉強部屋を作る際、特に考えたのは机のレイアウトです。普通は部屋を広く使うために、学習机を壁にくっつける形で配置し、入り口に背を向けたレイアウトにすることが多いと

思います。しかしそうするとたしかに部屋は広く使えるように思えますが、子どもにしてみると、後ろが見えないので、親御さんがいつ見ているかわからないという不安な気持ちにもなります。かえってそわそわする配置ではないかと考えました。

それに目の前に壁があると心理的に圧迫感を覚えたり、集中力が落ちてしまうと思ったので、わが家では、入り口に向けて机をセッティングしました。会社の社長の机のような感じです。

机と窓の位置も重要だと思います。利き手と反対側に窓がくるようにして、例えば右利きの人であれば、ペンを持つ手と逆の左側に窓がくるようにし、自然光で手元を明るくするように机を配置しました。

子どもが大きくなるのを考えて、机は一番大きい自然素材の150センチのサイズのものを購入しました。途中で机を買い換えると、それまで見てきた素材や色目などの環境が変わって集中力が落ちる可能性があったので、少し高額でしたが今後12年間使うものだと思って小学1年生のときに購入しました。

机には本棚が付属されていたのですが、そこにはいつも参考書と勉強に関するものだけを置いて、勉強道具が頻繁に視界に入ってくるようにしました。いざ勉強をしようと思ったときに、すぐに頭のスイッチがオンになる、すぐに勉強を始められるような環境作りを意識しました。

心を落ち着かせるため、カーテンは青色。部屋の収納のラックも机と同様、自然素材の木製の品のあるものでそろえてあげました。引き出しを開けると、ヒノキの自然な香りが広がって、リラックス効果もあるし、心も落ち着かせてくれるため、勉強には向いていると判断しました。

本棚に入れる教材は、毎日するものと休日にするものとに分けて、子どもが小さいときには「今日するものよ」「お休みの日にするものよ」というふうに子どもと一緒に決めて、区別させていました。

塾に行くころには、教科書に使う曜日がわかるような目印のシールを貼り、月曜日はこれとこれを持っていく、火曜日はこれとこれを持っていくということをわかりやすくして、迷う時間を極力減らすようにしました。

こうした迷ったり、何かを探したりする時間は生活の中で意外と多く、その時間を短縮することで、より多くの時間勉強してくれたらという考えから、ちょっとかまいすぎるくらいのことを行っていました。

このころになると塾のテキストもけっこう多くなってきます。一度出た単元でも、学年が上がったときにまた使うこともあるので、過去のものも、単元ごとにインデックスをつけて、必要なときにすぐに取り出せるように整理して並べておきました。

これも勉強以外の「迷う」「探す」という時間を削減するための配慮です。地味なことですが、このような親御さんのフォローの積み重ねが勉強する効率をアップさせることにつながっていると思います。

このように整理しておくことで、塾でやったテキストなどもいつでも再確認ができるし、棚の取り出しやすいところに置いてあげると、「ちょっとわからないところがあったから1回戻ってみよう」といったときにも必要なものがすぐに取り出せます。

部屋の中には漫画とかゲームなどは置きませんでした。こうしたものを部屋に置くと誘惑に負けてしまうと思ったからです。鉛筆もキャラクターものは極力避けて、三菱のユニに統一していました。

ちなみにわが家には、テレビがありません。今もありません。ずっとテレビのない生活をしています。ですから子どもとはよく話をしたり、新聞を読んで、そのことについて話し合うようなこともしていました。

整理整頓されていない環境は、勉強するうえであまりよくない環境だと思います。今日はどこで勉強するのかなとか、問題集や読みたい本がどこにあるのかがわからない。こんなふうになると勉強しようにもすぐに始められません。やはり定位置に、決まったものが置いてある環境が必要です。

そしてローテーブルでもかまいませんので、ここに座ったら勉強するという場所も作っておいてあげないと、なかなか勉強の習慣がつかないと思います。

第7章

子どもの成長段階で知っておくべきこと

子どもの成長に合わせて、
親の接し方も変えていく必要があります。
では、幼稚園までの子育てと、
小学校からの子育てにはどのような違いがあるのか？
さらに中学校以降の子育てには
どのような違いがあるのか？
子どもの成長段階に合わせ、
親はどのようなことを意識すべきなのでしょうか。

幼稚園までの子育てと、小学校時代の子育ての最大の違い

幼稚園までの子育てと、小学校時代の子育ての最大の違いはなんでしょうか。まずそれぞれの時期、お子さんに獲得してほしいこと、親御さんが接するときにぜひ意識していただきたいことについて列記してみましょう。

幼稚園

・ほめる
・社会性を身につけさせる
・遊びの中で学ばせる
・失敗を恐れないようにする

小学生
・ルールを守る
・自分で考え決めさせる
・自分でスケジュールを立てる
・自ら学習する習慣を定着させる

これまでの章でも触れてきた事柄もありますが、それぞれの成長の時期に合わせた大きなテーマとしてこのような事柄があると思います。

幼稚園の時期にお子さんに身につけてほしい能力として、まず社会性があります。中でも協調性、自主性、さらに我慢する心を学び、身につける時期です。

幼児期の子育ての最大のテーマは「遊び」です。遊びの中で脳が鍛えられて賢くなっていきます。遊びの中で社会性を学んでいくことを意識しておく必要があります。

そして、社会性を身につけていくためにも「遊び」が最大のキーワードになってきます。

ですから、親御さんも、幼稚園の時期には、遊びの中から発見し、考えるチャンスを普段から探しておくという意識を持つことが必要です。

この時期のお子さんにとっては、世の中の多くのことが遊びで、すべて遊びから波及していきます。この時期、勉強する楽しさを教えてあげる必要もありますが、そのためには、小さい間はなんでもとにかくほめてあげることです。

遊びの場でも「すごいねー」「やったね！」などの言葉がけによってしっかりとした自信を持たせてあげます。

小さいころから「私は（僕は）すごいんだ」という気持ちを持たせてあげるのです。そのためには母親がいちばん認めてあげて「僕はすごいんだ」「私だってすごいんだ」という自信をしっかりと確立させてあげることが重要です。

そして、失敗を怖がらないという意識もこの時期は大切です。もし遊びで失敗しても、「これくらい大丈夫、大丈夫」「ここができなかっただけだよ。こうしたらいいんだよ！」といった言葉をかけ、決して否定しないことです。しっかり認めてもらっているという安心感を与えてあげることで、失敗を怖がらない子になり、失敗しても「次はこうすればいいんだ」という安心感があるので、もう一度挑戦しようという気持ちも出てきます。

小学校の時期に子どもに身につけてほしいこと

小学生になってくると、幼稚園の時期に身につけた社会性や自信を土台にして、今度は知識を身につけたり、勉強で表現していくことに徐々に移行していきます。

中学受験を考えた場合、小学校に入ると、いよいよ受験についても考える必要がありますので、逆算して1年生のときにはこれだけのことをして、2年生になったらこれだけのことをしていく、ということを考えてあげるのも親御さんの仕事です。

また小学校以降は、将来社会に出るための規律を学ばせる必要もあります。

規律というと罰を与えたり、厳しく縛りつけるということをイメージしがちですが、もちろんそのような意味ではありません。社会に出て、自分で考え、自分で決める能力を身につけさせるということです。例えば何時から仕事で、何時から約束があるから、この時間までゆっくり休んだら出かけよう。こうした社会生活を将来営んでいくために、小学校の時期はその前段階として、自分自身でスケジュールを組んで、大人の世界の子ども版のようなことをする。それを規律と表現しています。

例えば約束という意味では、学校から与えられた宿題も大切な約束です。自分の規律として社会との約束はきちんと守るということを、学んでいくことが大切です。

社会に適応するために、自分自身の計画や勉強、周囲との人間関係について、自分なりに秩序を保って社会に適応していくためにはどうしたらよいのか。こうしたことも自分で考えてやっていく。親御さんはそれを見守るという立場になります。

自分で考える能力を身につけさせる

小学生になると、学校や塾でのテストの結果が数字ではっきり出てくるようになります。その結果を見てほめることも必要ですが、何もかもほめるわけにはいきません。前よりも成績が下がったのに「えらかったね」というわけにもいきません。

もちろん成績が下がったことに対して「何してたの！」「なんでこんなになったの？」とマイナス面を指摘してもお子さんのやる気がどんどん失せていくだけです。前向きに考える姿も親御さんが見せていかなければいけません。

そして、お子さんが努力してきた経過もきちんと評価してあげる必要があります。

また過去のうまくいったときの成功事例を出して「やればできる」「自分はできる」ということを思い出させてあげることの大切さも、すでに申し上げました。

ここで親御さんが次の段階としてやるべきことは、お子さん自身に考えさせることです。

こうなったのは何が悪かったのか。あれだけがんばってたのに、何が悪かったのかと自分で考えさせる。やっぱり何かやり方が悪かったとか、テレビを見すぎたかなとか。最初は親御さんが一緒に考えてあげるのでもかまいません、とにかく本人自身が考えることによって、「これが悪かったかな、じゃあ、これはちょっと減らしていかなきゃいけないいな」と自分で考えて気づいてもらうことが必要です。

こうした自分で考え、自分で決めていく能力は中学に行けばさらに求められますし、もちろん社会人としてやっていくためには不可欠な能力です。

物事にはなんでも原因があってそれに対して結果がついてきます。勉強しなかったから成績が落ちた。食べすぎたから太った。なんでも必ず原因があって結果があります。

原因と結果について常に意識することができれば、自分自身の主体性も出てきます。

例えば私が病院で診療したときに、「私はなぜこんなに太るんでしょうか?」と、真顔で質問されることが少なからずありました。

答えは簡単です。「それだけ食べているからでしょう!」と。でも、自分が食べたことを忘れて棚に上げ、「なぜこんなに太るんだ」「なぜ糖尿病になるんだ」と怒ってるわけです。つまり原因と結果について考えることができていない。これは考える習慣というものを身につけることができなかったということです。

これと一緒で、なぜ成績が悪いのか、なぜ勉強できないのかと原因を考えることができれば、答えは簡単に出てきます。「勉強しないから」「勉強の仕方が悪いから」ということになるわけです。

人生では常に自分の何がよかったのか、何が悪かったのかを考えて、その結果を客観的に捉えていく必要があります。その能力を身につける重要な時期が、この小学校の時代なのです。

まだ親御さんの目が行き届いているうちに、原因と結果を自分で見極める力をつけてあげることがとても大切です。

中学校の時期に子どもに身につけてほしいこと

次に小学校時代と中学校以降の親御さんの接し方の違いについて、お伝えしていきたいと思います。

まず小学校時代の子育てでは、中学受験という目標がある場合、中学受験は親子の受験というくらい大変なものですので、一生懸命、親子二人三脚でがんばる必要がありました。お子さんと一緒に一喜一憂して一体になってやっていくという部分が大きいと思います。

しかし、お子さんが中学生になったら、少し手を引く必要が出てきます。

お子さんが自分でやってくれるだろうと信じて、ここから先はもうお子さんが決めることだから、というふうにシフトしていく。お子さんに任せて、口を出さず、ただ、目は離さないという部分は持ち続ける必要があります。

中学時代は、クラブ活動など友人関係で、学校生活が大きく左右される時期です。さらに自分の意志というものをしっかり確立していく時期で、お子さんはどんどん変わっていきますので、親御さんも変わっていくものだと考えていく必要もあるでしょう。

それまで親御さんは、お子さんが自分の範囲内にいるような気持ちでいたと思います。しかし中学生になったお子さんはどんどん変わっていきます。親御さんと違う考え方も持つようになります。親御さんはまずそのことを認める。そしてどっしりとかまえて、お子さんは変わるものだと覚悟しておく。

ただそれであっても、子どもとの関係、その神髄《しんずい》は変わらないと私は思います。

何か悩みができたときには親子で相談したり、親御さんは「こう思うよ!」とアドバイスを行ったり。もちろんお子さんは幼児期のように100%その通りにはしないけれど、その何パーセントかは「そういえばそうだな」とアドバイスを受け止めて悩みに対処する。

中学校以降の子どもは、基本的に自分とは別人格です。まずそれを認めること。親御さんは中学校以降の子育てはそういうものだ、という覚悟が必要だと思います。

逆に、お子さんが別人格であることを認めることができず、あまりにも過保護だと、お子さんは周囲から馬鹿にされたりしますし、お子さん自身ちょっとしんどくなってしまいます。ある程度自由を与え、自分の人生をどう生きるかとか、普段どんなふうに楽しく過ごしていくのかをお子さんに考えさせてあげることが大切です。

中学時代の異性との付き合いについて

中学時代は思春期でもあります。異性に対して興味を持つようになります。

この自然な感情に対して親御さんはどのような態度で臨むべきなのでしょうか。これは非常に難しい問題です。恋愛は人間の本能に根ざした部分ですし、人によって価値観が違う問題です。何がお子さんの幸せかという問題でもあります。

ただ私自身の印象で申し上げると、中学、高校、予備校時代などに異性と付き合った場合、やはり成績は下がる傾向にあるようです。

なかなか恋愛と勉強を両立させるのは、難しいというのが私の考えです。

事実、男子校や女子校を見てみると、共学の学校より進学率がかなり高いというデータもあります。

ただ中学校に入ったあとは、先ほども申し上げた通り、お子さんは別人格として自分で考え、行動していくようになります。

親御さんの判断でできることといえば、中学校に入る入り口において、男子中学や女子中学を選ぶという選択肢はあります。学歴においては、かなり有利になるということはいえます。そこはよくご検討のうえ、選択していただければと思います。

「大学に入ってから好きなようにすればいいんじゃない」という形で伝えてあげるのもひとつの方法かもしれません。

これは何を取るかという選択になりますので、あくまで参考として、それぞれにご判断されたらよろしいかと思います。

ＩＴ機器との付き合い方

現在は、身の回りに当たり前のように多くのＩＴ機器が存在しています。

お子さんが目標に向かって勉強を進めていくうえで、このＩＴ機器との付き合い方は、非常に大切な課題となります。


ＩＴ機器との付き合い方の第一は、まず時間を決めておくことです。

子どもはユーチューブを見るのが大好きですし、いったん見せるといつまでも見ています。ですから最初に時間を決めておくとか、ひとつのものを見たらそれで終わるといったルールを決めておきましょう。

どこの家庭でも、すでにやられている方法かもしれませんが、やはりこれが一番の基本になる方法です。

ただ時間を決めることに関してはひと工夫が必要です。

「○時までね」「10分間でおしまい！」といった形では、なかなかお子さん自身が区切りをつける習慣が身につきません。

何よりお子さんは目の前の映像などに熱中していますので、時間が来たことなど気づきません。

できればタイマーなどを利用するようにしましょう。

タイマーであれば時間が来たことをはっきりと認識させる効果がありますし、何よりオンとオフの切り替えをお子さん自身にも体感させる効果があります。

多くのご家庭では、タブレットやスマートフォン、ユーチューブを見せることに関して、最初にこうしたルールを決めずに、与えたり始めたりしているようです。

与えてから、じゃあ、そろそろやりすぎだからやめなさいと言っても、お子さんにしたら、こんなに楽しいのになんで今やめないといけないんだという話になります。

これはＩＴ機器を与えるときにルールを決めていなかったのが問題です。

どうやったらタブレットがもらえるのか、どうやったらその日タブレットを使ってもいいのか。

例えば勉強がすべて終わって、お風呂も入って、着替えも終わって、ご飯も食べて全部片づけたらタブレットをやっていいといった、時間以外にもさまざまなルールをしっかりと伝えたうえで使わせることも必要です。

学校や塾に行く前に使ってはいけない。塾の宿題が終わったらタブレットを使っていい、こういったところでルールを細かく決めていくことです。

そして、タブレットを与えたときには、いつまでに終えないといけないのか、どれぐらいの時間やっていいのかということもしっかり伝えておきます。

もちろんこれはスマートフォンでもゲームでも同様です。

どうすれば与えてもらえるのか。それをどれぐらい使っていいのか。まずＩＴ機器に触れさせる前に、この２つに関してはきちんとルールとして示しておくことが大事です。

タブレットやゲーム、スマートフォンは子どもにとって快楽であり大きな娯楽です。他の時間を削ってでも楽しみたい存在でもあります。これは逆に考えれば、人は娯楽のためにはがんばれるということでもあります。

ご褒美としてＩＴ機器を与えるという考え方です。

その日にやるべきことや勉強をきちんとやったらＩＴ機器を楽しむことができる。そうやってがんばることに対するご褒美としての役割を持たせることができます。その意味で、ＩＴ機器は「勉強のじゃま」だけではなくなります。

実際とても便利ですし、お金もかからない。お子さんにとっても楽しいし、タブレットやユーチューブの動画から得られる知識などもあります。

頭から否定するのではなく、初めにルールさえ決めて与えることができれば、プラスにつながっていく部分も大きいと思います。勉強するための起爆剤、エネルギー源として使ってあげるという考え方を持つとよいかもしれません。

もうひとつ、ＩＴ機器には知育アプリなど、教育機器としての面もあります。

子どもの成長のためには、手で書いたほうがいい、声に出して覚えた方がいいといったことがよくいわれます。一方で近年の教育アプリにはＡＩが入っていて暗記をサポートしてくれたり、立体の問題をわかりやすく映像を使って説明してくれたりするような機能もあり、メリットもたくさんあります。

これは、要は使い方の問題であるようにも思います。

・ゲーム感覚で、隙間時間、例えば塾に行く車の中でやらせる
・学習への関心を促すために使う
・現在学習したところの復習教材として使う
・計算問題で瞬発力をつけるために使う

こうした場面では、むしろタブレットのようなＩＴ機器のほうが有効である場合もあります。

そもそもお医者さんを目指すような場合、手で書くということにこだわるより、こうした最新のものを使って、よく対象を理解するといった要素が大切であったりもします。

もちろんペーパーも大事ですが、タブレットもすばらしい部分がたくさんあります。ペーパーのメリット、ＩＴ機器のメリット、それぞれをきちんと理解して使い分けることが

必要です。

ただ家庭内でのこうしたＩＴ機器の存在を考えるとき、もうひとつ心配な事柄があります。

それは親御さん自身のＩＴ機器との付き合い方です。お子さんにＩＴ機器をどのように与えるのかといった話以前に、ゲーム、ユーチューブ、スマホは、親御さん世代の三種の神器に近くなっています。

もし親御さんが際限なくＩＴ機器を使い、お子さんに対してだけ「やりすぎてはダメ」というのであれば、「なんで自分だけダメなの？」と反発するのは当然です。

しかし、お子さんのために親御さんがＩＴ機器を使わないようにする、というのであれば、今度は親御さんのほうに多大なストレスがかかってしまいます。

少なくとも、お子さんの前では使いすぎない。そんな姿勢は常に意識する必要があるでしょう。

また自分の家庭ではお子さんとのＩＴ機器に関するルール作りがなされていたとしても、お子さんの友だちの家庭は使いたい放題といったケースも考えられます。「なんでうちだけ、こんなルールがあるの？」という疑問も容易に生まれてくるでしょう。

こうしたときには友人の親御さんの姿勢を非難するのではなく、率直に、ＩＴ機器を使いすぎると成績が下がる、という事実を伝えることも大切です。

家庭によってはＩＴ機器の弊害ばかりに目がいき、オール・オア・ナッシングの判断をしてしまうケースもあります。つまりＩＴ機器を家庭内からすべて排除してしまうという方法です。

たしかにＩＴ機器には依存性がありますし、一度やりだすと子どもがのめり込んでしまう部分もあります。しかしだからといって、すべてのＩＴ機器を遠ざけていると、何もできなくなってしまう危険もあります。

これは自転車や自動車と一緒かもしれません。自転車や自動車に乗れば事故を起こす可能性もあります。では乗らないかというと、そういう考え方では何もできなくなってしまいます。大切なのは正しく理解することだと私は考えます。

大切なのは、そのものの性質を理解すること。つまり、自動車もここさえ注意すれば事故を起こさずに運転できるということがわかれば快適に利用することができますし、これほど便利な道具はありません。ＩＴ機器も同じです。特性をよく理解し、こんな使い方をすればリスクがあるということがきちんとわかっていれば、これほど便利で人を快適にしてくれる道具はありません。

お子さんの世界を狭《せば》めないためにも、正しい付き合い方をまず親御さんが理解しておくことが重要でしょう。

中学受験を目指す子どもに対しての親の役割

中学受験を目指す子どもに対して、小学4年生、5年生、6年生のころに、親はどのような役割を持っているのでしょうか。

まず、申し上げておきたいのは、お子さんが中学受験をするからといって、突然小学４年生以降になってから親御さんが介入し、なんとか勉強に対するお子さんの姿勢を変えていこうとしても難しいということです。

こう申し上げるとがっかりされる親御さんもいらっしゃるかもしれませんが、大切なのは、お子さんが小学４年生になるまでの時期。それまでにどれほどの土台を作っておけるのかが重要です。

そもそも勉強は自分でやる気になり、手と頭を使わないと絶対に伸びません。親御さんに言われてがんばったとしても、そこには限界があります。やらされている姿勢でいる子どもは、テストである程度までの点はとれても、そこから先あまり伸びません。やはり自分からやりたい、間違った問題でも自分の力で直してやっていきたいという気持ちを持つこと。そういう土台作りがあってこそ４年生、５年生、６年生でのがんばりが可能となります。

ここまで何度も申し上げましたが、小さいころから、自分はやればできるという自己肯定感をしっかりと育むことが大切です。

特に4年生、5年生、6年生になってくると、問題はどんどん難しくなっていきますし、勉強自体も親の手を離れていきます。つまり自分から勉強するんだという気持ちが不可欠なのです。親御さんにできることは、そこでお子さん自身が自らがんばることができる力をつけてあげることです。

ここからはもう勉強は塾などの専門家に任せ、親御さんはフォローの役割に回ります。次に暗記しなくてはならないもののコピーをしてあげたり、テストでバツだったところを洗い直して、ここを何日後にやろうといったフォローをしたりするのです。

ただ、精神面でのフォローにおいては、親御さんの役割は大きいと思います。お子さんが安定した心でいられるように、なるべく親御さんはどっしりかまえるぐらいの気持ちで接してあげることが大事です。

またこの時期にはお子さんのモチベーションを崩さないためにも、子どもがやることを肯定的に捉えてあげるというのも、親の役割として大切です。

お子さんが勉強を始めたら「もう始めるの？　すごいね」というふうに言ってあげる。「やりなさいね」ではなく「すごいね」です。お子さんはその言葉で「よしやろう」と思えて、自然とルーティンもできてきます。

逆に一言で、お子さんのやる気をそいでしまう言葉もあります。

例えば一生懸命に練習して受けた漢字のテストの点数が悪かった。このときもし親御さんが「なんであなたはこんな漢字も覚えられないの」と言ったとしたら。もうお子さんのやる気は消し飛んでしまうでしょう。塾で算数の文章題の復習をしっかりやっていたけれどテスト中にミスしてしまった。そんなときに、「ぜんぜん勉強してないよね。ちゃんと復習しなさい」と親御さんが言ったとしたら。自分ががんばったにもかかわらず、親に叱られるという状況は子どもにとっては最悪です。

「早く勉強しなさい！」といった言葉も、子どものやる気をなくさせる代表的な言葉です。

子どもがせっかく自分からやろうと思っていたのに、早くしろと言われた。これは子どもにとって非常に嫌な状況です。それは大人でも同じです。私が○○さんにプレゼントをあげようと思っていたときに、○○さんから「今年はクリスマスに何かプレゼントくれないんですか」などと言われたら、途端に気持ちがそがれてしまいます。

しかし親御さんは、「早く勉強しなさい！」とつい口癖のように言ってしまう。今日からこうした言葉は意識して使わないようにすべきでしょう。

POINT

子どもの成長段階で知っておくべきこと

「幼稚園までの子育て、小学校以降の子育て」

- 幼稚園までは遊びが最大のテーマとなる。遊びの中で脳を育て、社会性を養う
- 幼稚園までの間は、とにかくほめてあげて失敗を怖がらない心を培う
- 小学校以降は規律や約束を守り、大人の生活の子ども版として自主性を養う
- 小学校以降では、現実的な解決策を一緒に考え、それに気づかせる姿勢で関わる
- 原因と結果を意識すれば主体的に考える力が育つ

「小学校時代の子育て、中学校以降の子育て」

- 中学校以降はある程度子どもは親から離れていく。口は出さず、目は離さない
- 思春期の恋愛は、やはり成績が下がるリスクになるという事実も意識する（これは個人の価値観なので、あくまで参考として）

- 子どもはある程度変わっていくものだと考え、どっしりとかまえる
- IT機器を子どもに使わせる前に、ルール作りが必要
- ご褒美としてIT機器の存在を考えてみる
- 中学受験に関しては、小学校高学年になったら、親は勉強のフォローに回る。特に精神的な部分のフォローは大切

Q&A

親が自信を持てない、ネガティブになる。だから子育てに自信が持てない

回答

●幼児教室ひまわり主任講師
藤井小百合 先生

・長女は岡山白陵中学、岡山白陵高校を卒業、横浜市立大学医学部に合格。中学受験は神戸女学院中学合格
・長男は岡山白陵中学、岡山白陵高校を卒業、東京大学に合格。中学受験はラ・サール中学合格
・幼稚園教諭資格
・東京都内の名門小学校受験塾講師、幼児教室東大キッズの塾長として１０年以上の幼児の指導実績を経て、幼児教室ひまわりの主任講師に就任（現在も幼児教室東大キッズの塾長を兼任）

まず最初に申し上げたいのは、子育てに対して必ずしも「自信を持たなきゃいけない」

と思う必要はないということです。

例えば親御さんが学歴に自信が持てない場合に、「うちの子ももしかすると頭がよくないんじゃないか」とか、「親の教育方針自体がそもそも間違っているのではないか」と自信がなくなってしまうこともあると思います。

それを埋め合わせる、つまり自信を持つためには根拠が必要だと思います。

まず1つ目は、自分自身の愛情です。少なくともこの子のことを一番愛しているのは自分だということ。これについては疑いようもありません。まずお子さんへの愛情に自信を持っていただくということがひとつ。

2つ目は成功者から学ぶことだと思います。

これは幼児教室ひまわりのことで、手前味噌になるのですが。実際にお子さんの教育に成功してきた人にも、親御さんが高学歴でない人はたくさんいます。高卒であったり、短大卒であったり、専門学校卒という人もいっぱいいらっしゃいます。そういう方たちのやり方をそのまま真似するということ。これも自信につながると思います。

つまり情報を収集する姿勢を忘れないということです。

誰がそれを言っているのか、どんな人がやってきた方法なのかをきちんと見極める。そうすることによって自分の子育ての軸が定まっていくと思います。

私も短大卒です。だけど、まわりを見てみると、短大やそんなに有名ではない女子大卒の人でも、優秀なお子さんを育てている方がけっこういらっしゃいます。その成功した人をモデルにして、いい部分をいっぱい情報として集めて吸収していくことは、すごく近道だと思います。

その人たちから情報をもらうと、自分が持っていた疑問点も解決していきます。自分はこうだから無理だと思っていたことでも「なんだそうか」「やればできる」と思えるようになります。その時点でやればできるんだ、楽しいと、自信も出てくると思います。

その親御さんの背中をお子さんも見ているので、お子さんもプライドをもってがんばるようになる。つまりよい循環ができるようになります。

自信に根拠を持たせることは大事ですが、もうひとつ大事なのは行動してみることです。

自分で動いてみることがとても大事だと思います。

こういう教育法があるからやってみようとか、こんな幼児教室が自分の子どもに合っているんじゃないか、試してみようとか、こんなおもちゃだったら楽しめそうだから試してみようとか。

とにかく、自分自身のコンプレックスに自分の心が支配されている時間があるのだったら、そのエネルギーを行動するために使っていくことです。

そうすれば、自然と自分の自信のなさに対しても、目がいかなくなると思います。

第8章

子どもを賢く育てるために知っておくべきこと

わが子をお医者さんにしたいという
具体的な目標があった場合、
幼児期の育て方も大きく変わってきます。
そして、一時的に何かをするのではなく、
普段から継続的に意識すべきことがあります。
賢い子どもに育てるためには、
常日頃、どんなポイントを
意識すればいいでしょうか。

考えさせる、想像させる、創造させる、表現させる

私は子どもの頭をよくするためには、次の４つの習慣が重要だと考えています。

それは、お子さんに自分で「考えさせる」、頭の中で「想像させる」、実際に手を使って「創造させる」、そして外に向かって「表現させる」ことです。

例えば絵本読み。

小さいころはせっかく親御さんが絵本を読んでいても、子どもが集中せず、すぐに違う遊びをしだしたりしてしまう時期もあります。

そんなときは、ただ文字を追って絵本を読むのではなく、お母さんが感じたことを言ってあげるだけでもいいと思います。長い絵本などは、なおさら集中力が続きません。しかし、あらすじがあれば、あらすじだけをお母さんが言いながら、さっさと絵本をめくって短めに、あっという間に終わる形で読んであげる。

「考えさせる」「想像させる」ことを意識するなら、とにかくその本に触れさせてあげることがまず大切であるわけです。

子どもはお母さんの言葉で考えもしますし、あらすじを聞きながら絵だけを目で追うことで、想像力も働かせています。

積み木であっても同様です。お子さんが小さいときは、お母さんたちが「うちの子は積んだものを壊すばっかりなんです」と言っているのをよく耳にします。

しかし壊すというのはとてもよいことなのです。

壊すということは、将来的に創作、創造の活動につながっていきます。

壊すから、また新しいものを創り出します。積み木を並べたり組み立てたり、何か別の遊びにもつながっていきます。

壊すことで遊びがどんどん広がっていきます。そして、創造を繰り返すことで表現する部分も同時に育まれていきます。

アウトプットこそ重要

「考えさせる」「想像させる」「創造させる」そして「表現させる」。

実はこの4つの事柄には共通点があります。それはすべてがアウトプットにつながっているということです。

考えることも、想像することも、創造することも、そしてもちろん表現することも、すべてはアウトプットに必要な事柄なのです。

私はこのアウトプットするということが、最も人間を成長させることだと思っています。

自分の言葉で表現して、自分の言葉で実行して結果を出す。

自分で考えてやったことだからこそ、初めて考えと結果が結びついていることがわかります。例えば勉強でも、こんなふうにやったら効率よく覚えられるんじゃないかと考え、その結果、テストの結果がすごくよかったら、それが自分の力になっていきます。

これは社会人になってからも一緒です。私が医師になってからもそうでした。

例えば病気の治療の場合。こういう患者さんが多いので、その患者さんに対してはこんな薬を使ったら効果があるんじゃないかなと考えてテストを行い、臨床の治験も繰り返し、新しい薬ができていくような作業と似ています。

創造と想像でも同じです。例えばお医者さんになる方も、自分が医者として白衣を着て、患者さんを診療している姿を漠然と思い浮かべたりしていると、その夢が現実になっていきます。この将来へのイメージ、夢を作り出すのも「想像」や「創造」の部分であり、これは夢を現実にしていくための原動力ともなります。

そして最後の「表現」。

これは人に伝えるということです。ただ考えていることを表に出すということではありません。自分の考えをわかりやすく人に伝える。人が納得するように伝える。常に表現し続けること。アウトプットすることではじめて結果が自分に返ってきます。そして、そこから成長につながっていきます。

この４つの事柄を意識し、お子さん自身がアウトプットする経験をさせることを意識すると、お子さんの頭の回転のよさ、賢さが大きく育ちます。

脳を働かせるオープンクエスチョンのすすめ

子どもの頭をよくするために、もうひとつ意識していただきたいこと。それはお子さんとの会話、特に質問を大切にするという点です。

ただ質問といっても、お子さんがすぐにイエス・ノーで答えられるような内容ではなく、常にイエス・ノーでは答えられない「オープンクエスチョン」で聞いてあげることを意識してください。

こうした質問をすることで、お子さんは活発に頭を働かせることになります。

例えば今日、お子さんが学校から帰ってきたら「今日どうだったの?」「誰と、どうしたの?」といった形で、お子さんがたくさん答えられるようなオープンクエスチョンを行います。

テレビのニュースなどを観たときにも、「これをあなたはどう思う？」という形で常に自分の言葉で表現させるようにします。

また質問という形ではないのですが、物事を考えさせるきっかけを親御さんが与えてあげるというのも重要です。

例えばテレビで、政治家が話していたとします。しかし「テレビで政治家が話しているからといって、全部をうのみにしてはいけない」ということをあえてお子さんに伝えてみるのもよいでしょう。

うのみにするのではなく、自分で判断して、自分の頭で考えて、そのことに対して自分なりの意見を持つように促してあげる。そして、どう思ったかを聞いてあげる。

新聞などでも、例えば池上彰さんなどがピンポイントでテーマを取り上げて解説をしています。これを見せて、会話を膨らませていくということもぜひ試してみてください。

こうした言葉のやり取りも、まさに先ほど申し上げたアウトプットのひとつの形であると思います。

アウトプットの手段はさまざまに存在する

おもちゃであったり、日常生活の親御さんの手伝いの中でアウトプットすることもありますし、絵本や粘土などツールによるアウトプットもあります。その中でも会話というのはとても効果的で、いつでもできる重要な手段です。

こうした考えさせる質問が上手な親御さんは、必ず子どもを伸ばすことができます。幼児教室ひまわりでいえば、質問が上手な先生は、お子さんの能力を引き出すことが非常に上手です。

例えば国語のテストでお子さんが100点をとったとします。

100点をとったお子さんに「今回、100点とれたよね」「これはちゃんと勉強したからかな。どう思う?」と聞いたら、お子さんは「うん、そうだよ」としか答えません。

しかし、「今回勉強した中で、どこがよかったから100点をとれたのかな?」と聞けば、お子さんはきちんと考え、それを言葉にします。

ただ、気をつけたいのは、いくらオープンクエスチョンだからといって、質問内容をあまり広くしすぎないこと。広すぎると、お子さんが答えにくいものになってしまいます。

例えば私であっても「幼児教育のノウハウをなんでもいいので語ってください」というような質問をされたとしたら、ちょっと範囲が広すぎて語れないかもしれません。

しかし「お子さんの頭をよくするための方法を3つ言ってください」といった質問であれば、考えたうえで今回の本でお話しした内容のようなことを語ることもできます。

つまり質問にもセンスが必要ということです。「はい」「いいえ」で答えられるようなものではなく、漠然としすぎない、きちんと方向や範囲を与えながら考えさせる質問をする必要があります。どんな言葉でどんな質問をすればお子さんが自分のことを語りやすいのかを逆算することも必要でしょう。

質問されることで人は脳を使います。ですからお子さんに考えさせる「オープンクエスチョン」をぜひ習慣にしてください。

効果的な暗記の仕方、暗記の勉強法

まず暗記は繰り返すしかありません。脳の特性を理解して、効果的に暗記することが基本です。

子どもは本来なんでも覚える力を持っているので、暗記は苦手ではありません。しかし人間は忘れる天才でもありますから、繰り返し覚えようと親御さんからも何回も言ってあげることが大切です。

忘れてしまうということを前提にきちんと反復する。何度も何度もすることが当たり前なんだよと、お母さんが一緒にやりながら教えてあげることが大切です。

暗記の際にもNGワードがあります。「なんで覚えられないの」といった言葉は禁句です。そもそも、それがわかったらお子さんはすぐに暗記できているわけですから。

ですから、なかなか覚えられなくても「忘れたらまた覚えればいいよ」「忘れるから何度もやろうね」と言ってあげることです。

テスト前などに暗記しておかなければいけない部分をちょっと忘れてしまっていたときも「覚えていないものを確認できてよかったね」というふうに言ってあげると、お子さんは「たしかにそうだな」と思えます。そして何度もやろうと思うようになります。

まず暗記に対して親御さんが意識を変えないと、わが子を責めてしまうことになります。暗記に対して「覚えているのが当たり前」と考えてしまうと、どうしても忘れたことに対して悲観的になってしまいますし、それが親御さんの態度にも出てしまいます。すると、お子さんは暗記が嫌いになってしまいます。

しかし、忘れるのが当たり前と思っていると、お子さんは覚えるために工夫するようになります。

また、暗記すること自体を楽しむ工夫をしてあげるのもよいでしょう。

クイズにしたり、手振りをつけて楽しく覚えたりと五感を使って覚えるのも効果的です。

語呂合わせを一緒に考えるといった方法もあります。

さらに、覚えたことをアウトプットする機会を意図的に増やしてあげることも効果があります。

ちょっとしたときに、「あれは何だったっけ?」と聞いてあげる。もし忘れていたら「確認しておいてよかったね」と言ってあげます。こうすることで、お子さんは確認することが当たり前、忘れてもまた覚えれば大丈夫という考え方をするようになり、暗記に対して苦手意識を持たなくなります。

暗記の具体的な方法についても少々お伝えしておきます。

例えば一週間で70個のことを覚えなければいけないとしましょう。

多くの場合、「1日10個ずつ暗記しよう」という計画を立ててしまいます。1日10個ずつ暗記して7日間で70個暗記するというわけです。

しかし残念なことに、10個ずつ覚えていたつもりでも、3日後には初日に覚えた10個を忘れている可能性があり、７日後には最初の５日間で覚えた50個も忘れている可能性もあるのです。

人は忘れる生き物であり、脳に定着していないものはどんどん忘れていくからです。

もっと効果的な暗記の仕方があります。最初の２～３日で70個すべてに目を通して、残りの４～５日間で70個を繰り返し暗記するという方法です。覚えるべきことに何回も触れることで、より脳に定着させていくのです。

人は忘れる生き物であるということを前提として、できるだけ短時間で暗記をして、その回数を増やしていく方法です。

このような効果的な暗記の方法を小さいときから習慣化しておきます。

昨今、試験は暗記ばかりではいけない。考える力を身につけなければ、といったお話を耳にすることがあります。

しかし私は、考える力は、暗記という基本の上に乗っかっているものだと思います。覚えているものがなければ、考える力も出てきません。たとえすばらしいアイデアがあっても、漢字が書けなかったらものになりません。どんなに新しいアイデアがあっても、計算力がなければ何も形になりません。

暗記は考えながらイメージを定着させる作業です。頭の中をきちんと整理する力にもつながる重要な作業です。

賢い子に育てるための幼少期の具体的方法

幼児期には、具体的にどのような育て方をすればよいのでしょうか。

ここでひとつ問われるのが、最終的に子どもを「具体的に」どういう大人に育てたいのかということだと思います。

それが決められておらず、ただざっくりと「大学に行かせたい」「賢い子に育てたい」といったものしかないようだと、幼児期においても何をすればいいのかわからなくなってしまいます。

逆に「自分の子どもをお医者さんにしたい」という具体的な目標があった場合、幼児期の育て方も大きく変わっていきます。

お医者さんになるためには、こんな大学に行かなくてはならない。

こんな大学に行くためには、何歳までにはこのくらいのレベルにいなくてはならない。

すべて逆算思考で考えていけば、おのずと幼少期の育て方も具体的に見えてきます。

この逆算思考に必要なものが、この項の冒頭で申し上げた、具体的な目標です。

これなしには逆算思考も成立しません。

幼少期の具体的な育て方に悩まれた場合、まず親御さんがこの目標について、真剣に考えておく必要があります。

夫婦の教育方針が合わない場合

奥様と旦那様の教育方針が合わない。そんなケースもあります。そのとき、奥様はどのように対応すればよいのか。そしてお子さんに対してはどのようにフォローすればよいのでしょうか。

例えば奥様のほうは熱心にお子さんの教育をやっていこうと考えていても、旦那様が「やっぱり子どもはのびのび育てていきたい」と考えている。このようなケースは少なくありません。特に男性は「のびのび育てたい」といった願望を持つ方が多いようで、この面ではなかなか100%夫婦双方が納得してお子さんの教育を行っている、という家庭ばかりではないようです。

こうした状況は、特に教育を熱心に進めようとする奥様のストレスの原因にもなります。「なぜ私がこんなに熱心にやっているのにわかってくれないのか」といった思いを抱くようになります。これは旦那様に対してはもちろん、教育方針がまったく違うママ友たちとの間でも、ありえます。

もちろん、旦那様やまわりの方々に理解されれば、精神的にも楽だとは思うのですが、なかなかそういう状況にもなりません。

私はこうした場合、心の切り替えが必要だと思います。

まず、理解してもらおうという前提を捨て、理解してもらえないのが当たり前という考え方を持つこと。教育方針を旦那様が理解してくれると思い込まない。まずこれが大事ではないかと思います。そのうえで自分がどうするのかを考えていくということです。

旦那様には手伝ってくれそうなところだけを手伝ってもらい、ちょっと協力が難しそうなところは、相手は相手と切り替える。それなりに手伝ってくれているのだから、残りは私が引き受けた。

そういう強い意志を持って、自分自身が率先してやっていくしかないと思います。

もちろん頼れる部分は旦那様に頼って、相談できる部分は相談していいと思いますが、結局、最後はひとりというぐらいの気持ちがあったほうが、乗り越えていくことができます。

今はSNSもあるので、仮に皆さんの身の回りに考え方を理解する人がいなくても、全国にたくさん存在する同じ考えを持つ方々と結びつくことも可能です。そういった方々から情報もしっかりもらいながらやっていけば、強い意志を保っていけると思います。

大切なのはブレない気持ちです。ウチはウチ、まわりはまわり。家庭内だけでなくママ友同士でもこんな気持ちを持っていれば、ストレスになることも少ないでしょう。

もう一つ大切なのは、その強い意志はあくまで自分の中にとどめておくことです。

例えば、お子さんに学習習慣を身につけさせるため、勉強時間を決め、終わったら遊ぼう、毎日きちんとやったらご褒美、といった約束事をお母さんがお子さんと決めたとしましょう。

しかしそこに父親が登場して「まあ、いいじゃないか」と勉強が終わっていないのにお子さんを遊びに連れ出してしまう。

あるいは、この状況でお母さんはほめてくれるのに、お父さんはほめてくれない。

そういったことも起こりえます。

こうした食い違いについては、やはりきちんと夫婦間でコミュニケーションをとる必要はあると思います。

ただその際、旦那様のやり方を非難することはやめましょう。

お子さんに対しても「今日どうしたんだろうね、パパ」「パパも人間だから、まあ、こういうこともあるんじゃない」くらいの感じで、軽く流しておくようにしましょう。顔をつぶしてしまえば、せっかく協力してもらっていた部分も、台無しになってしまいます。

社会に出れば、例えば上司によって考え方が違うということもあります。人それぞれ意見が違うのが当たり前と捉えていけるための鍵として、お子さんに伝えていくことも大切です。

どのように子どもを医師に導いていくのか

子どもはそれほど社会的な知識があるわけでありませんから、例えばお医者さんになりたいといっても、なるための筋道はわかりません。

しかし親御さんは、どうすればお医者さんになれるかがわかります。例えばお医者さんになるには理系のほうが絶対いいということも知っていますし、だったら理系の方向に進ませようと誘導することもできます。

そうなれば、意図的にお子さんに理系の知識を入れていくこともできます。

例えば親御さん自身は理系が苦手という場合でも、お子さんが小さいころから家の中を理科系を学べる環境にしてあげて、一緒に遊んであげることも可能です。

一緒に実験をしたり、体の部位に注目したり、虫を捕まえたり育てたり。そうすればお子さんも自然と理系のことに興味を持つようになっていきます。

たとえ親御さん自身に理系の素養が欠けていたとしても、それがかえって利点になることもあります。お子さんがどんどんお母さんが知らないことを覚えて、お母さんに「僕、こんなの知ってるよ」と教えてくれたら、「すごいね！」とほめてあげる。すると、お子さんはどんどんいろんなことをお母さんに教えてあげたくて、勉強するようになります。

一緒に勉強して覚えていくのも、お子さんにとっては最高の体験です。お子さんと一緒に理系のことを学ぶのは、親御さんにとっても特別な体験になるでしょう。

また日常の中に、理系の要素を入れていくというのも、親御さんにしかできない導きの方法です。例えば算数は理系に限らず物事の基礎となります。幼稚園ぐらいから数の概念を覚えさせるために、日常生活の中に数の概念を入れるようにするのもよいでしょう。

身の回りにあるものを計量カップで量ったり、はかりで何グラムか計ったりすることでも数の概念が育ちます。お風呂で計量カップにお湯を入れて遊べば、遊びながら数のことを考えられるようになります。

お料理を分けるときも「これ1／4に分けよう」といった形で、いくらでも算数の概念に落とし込むことができます。日常のこうした小さいことを重ねていくことも大切です。

POINT

子どもを賢く育てるために知っておくべきこと

- 考えさせる、想像させる、創造させる、表現させるという4種類の切り口を意識する
- 子どもがアウトプットする習慣を実践することで、自分で考え、成長につながる
- 会話の中で子どもに自分の言葉で答えるオープンクエスチョンを投げかけ、考えさせる
- 教育は信念を持って、一人でもやっていくべき。夫や人の理解を完璧に得ようとすれば、かえってストレスになる
- 信念は自分だけが持てばよい。意見が異なる人を非難しない
- 暗記は、いかに繰り返すか。定着を意識した暗記法で効果が上がる
- 目標が決まれば、逆算思考で幼児期の育て方も決まる

Q&A

塾選びの具体的な方法を教えてください

回答
●幼児教室ひまわり事務局長、サポートチーム責任者
加藤牧人 先生
・東海中学、東海高校、金沢大学工学部出身
・2017年に幼児教室ひまわり事務局長に就任。保護者の方の相談窓口の責任者を担当し、年間500件以上の相談への対応を行っている

塾選びに関しては、私は逆算思考で考えていくことをいつもおすすめしています。

「おすすめの塾はどこですか?」「個別指導がいいですか?」「大手塾がいいですか?」といったご質問をされる親御さんは多いのですが、そもそも目標が決まっていない状態では、塾についても決められないと思います。

例えば自分の子どもを医者にしたいという場合には、医学部を狙うことのできる中学を受験しなければいけません。そのためにはお住まいの地域で、医学部の合格率が高い難関

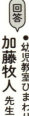

校に生徒をたくさん合格させている塾を探す必要があります。シンプルにそういう塾に行けばいいということになります。

その場合、難関校であればあるほど、大手の塾に行ったほうがよいということはあります。大手のほうがそれだけ実績もありますし、合格するための勉強法やデータなどもそろっているので、高いレベルであればあるほど大手に行くべきだということです。

もちろんこうした塾には、入塾テストがあります。テストの結果によって、コースのランクが変わったりもします。より高いランクのコースに入ることができれば、合格の可能性は高まります。

つまり、塾選び以前に、塾に入るための力、勉強の習慣をつけるということも必要になってきます。

そのためには塾に合うようにお子さんが変化するためのフォローをしてあげることも必要です。例えば大手の塾は人数も多いですし、学習レベルの高いお子さんが多いので、それに負けないようにがんばることができるようサポートすることも大切です。

ですから、お子さんの将来の目標を決めるのは、早ければ早いほうがいいと思います。

仮に「医者にする」といった具体的な目標設定まではいかなくとも、このくらいのレベルに行ってほしいなというイメージがあったら、それまでの目標も定めやすくなります。何歳までに何ができていればよいかが見えてくると思いますので、お子さんが０歳でも５歳でも、何歳でも親御さんとして気づいたときに始めることが大切です。

もうひとつ、通塾時間について悩まれる親御さんもたまにいらっしゃいます。これに関しては、多少通塾時間が長くても、より実績のあるところに行ったほうがいいと思います。通塾の時間に勉強すればいいだけの話ですから。あくまでも目標ありきで逆算して考えて、より合格しやすいような塾に入れてあげることが重要です。

おわりに

本書でご紹介した数々の教育法は、わが子を医者にしたり、東大や京大に合格させた親御さんたちの生の体験をベースにまとめたものになっています。勉強、スポーツ、仕事など、すべての分野で共通することが、「成果を出すためには成功者の真似をする」ということです。

それが、成功するための最短ルートといえます。

成功した人には成功の要因があります。それは子育てでも同じで、わが子を医者にしたり、トップレベルの大学に合格させた親御さんには成功に直結する考え方や行動がありました。

本書では、そんな成功の要因を、誰もが実践しやすいようにまとめましたので、まずは真似をすることから始めてみることをおすすめします。

また、今の世の中は、インターネットやスマホの普及、産業のグローバル化、ＡＩの発達などによって、急速な時代の変化が起きています。そのため、これからの時代は学力（学歴）だけでなく、ライフスキル（生きる力）も重要になってきています。現在の子どもが社会に出るころには、今よりさらに進化した世界になっているかもしれません。

そのような時代では、これまで体験したことのない未知な問題に直面することが多くなります。そんな問題を解決するためには、学力にプラスして、ライフスキルが重要になってきます。そのためにも、古い教育論の詰め込みではなく、時代に適応し、お子さんの自主性を重視した教育を心がけていただきたいと思います。

そして、学びというのは、先取り学習が基本となります。トップレベルの学歴を手にしたお子さんは、幼少期から常に2学年、3学年先の先取り学習をしていました。もちろん親御さんから強制的にやらされていたのではなく、向上心の高いお子さんは、ゲームをクリアするように先へ先へと進んでいくのです。

先取り学習というのは、親御さんの「子育ての学び」においても同じです。わが子をトップレベルに導いた親御さんたちは、常に先をイメージし、情報を取り入れ、目標から逆算して、わが子に今できる最大限のことをしてあげてきました。こうした親御さんの先取り学習に、お子さんの年齢は関係ありません。

たとえ、わが子の年齢よりもずっと先の教育情報であっても、そこから逆算して考え、今できることが必ずあるからです。

そのため、子育てで大切なのは、「今できることを今すぐ実践すること」です。今できる最大限のことをしてあげる。子育てはその積み重ねです。

本書でご紹介した教育法の中から、まずは今すぐにできることを始めてみてください。

私たち「幼児教室ひまわり」は、皆様の子育てを応援しています。当教室では、一方的に教育法をお伝えするのではなく、お伝えした教育法を確実に実践できるように、サポート環境も整えております。

講座はオンラインがメインですから、お住まいの地域にかかわらず全国各地の方が受講可能です。本格的に学びたい方はぜひ私たちの教室のホームページをご覧ください。

【幼児教室ひまわり】 https://www.himawari-child.com

ここまで読んでいただいた皆様へ

■幼児教室ひまわり　無料メルマガのご案内

「子どもを医者にした親は、幼少期にどんな教育をしていたのか?」

この度は、本書をお読みいただき、まことにありがとうございます。

本書でお伝えした教育内容を、より深く理解し、日々の子育てで実践していただくためには、継続的な子育て情報・知識のアップデートが必要です。

お子さんが継続的に勉強するのと同じように、親御さんたちも継続的に学び、子育て情報に関するアンテナを張っていただきたいと思います。

「幼児教室ひまわり無料メルマガ」では、「わが子を医者にするために役立つ濃い情報をお届けしています。

わが子を医者にしたい方はもちろん、医者という目標が明確でなくても、わが子を賢い子に育てたいという教育に熱意のある方に役立つ内容です。

また、わが子を医者にする方法を深く学びたい方に向けての講座なども、あわせてご案内していきます。

ぜひ、ご登録いただき、参考にしていただければ幸いです。

こちらのＱＲコードからご登録ください。

◎幼児教室ひまわり

「わが子を医者にしたい」「学歴でトップクラスに導きたい」「賢い子に育てるために、親としてできることをしてあげたい」という目的を成し遂げる教育法を指導するため、親御さんを対象に2014年に創設。幼少期の能力開発や、小学校時代の環境づくりをサポートして、対面セミナー、オンライン講座を含めて6000人以上が受講している（2021年４月現在）。講師陣は、実際にわが子を有名中学に合格させた、国公立の医学部を卒業させ医者にした、東大に合格させたなど、圧倒的な子育ての実績を持つ。

2020年の日本マーケティングリサーチ機構の調査では、「講師の質が信頼できる幼児教室」「わが子を賢くするために受けたい講座」「教育関係者が推薦する幼児教室」の３つのカテゴリーで１位を獲得した。

【幼児教室ひまわり】 https://www.himawari-child.com

◎熊野貴文（くまの たかふみ）

「幼児教室ひまわり」塾長。1978年兵庫県神戸市生まれ。灘中学、灘高等学校卒。大阪大学医学部医学科現役合格、同校卒。平成15年医師国家試験合格、医師。

２歳の頃から数々の幼児教育を受け、小学３年生から進学塾へ通う。この頃から「医者」という目標が明確になる。

1997年、大阪大学医学部に現役で合格。医学部時代、教育に深い興味を抱き、家庭教師センターの統括マネージャーとして累計1100人以上の教育指導に携わる。

2003年、大阪大学医学部卒業後、医師として、大阪大学付属病院（阪大病院）や市中病院など数々の病院で勤務医として医療に携わる。

その後、「自分が両親から授けていただいた本当の教育方法」を世に広めることを使命と感じ、現在「幼児教室ひまわり」の運営を行っている。

子どもを医者にした親たちが幼少期にしていたこと

■発行日　令和3年6月5日　初版第一刷発行
■編者　幼児教室ひまわり
■発行者　漆原亮太
■発行所　啓文社書房
〒160-0022　東京都新宿区新宿 1-29-14　パレドール新宿7階
電話 03-6709-8872　FAX 03-6709-8873
■発売所　啓文社
■DTP　株式会社三協美術
■印刷・製本　株式会社光邦

ISBN 978-4-89992-075-5　C0037　Printed in Japan